有趣的哲学故事

的

左岸 编著

中国华侨出版社
北京

图书在版编目（CIP）数据

有趣的哲学故事／左岸编著．—北京：中国华侨
出版社，2017.12（2022.11 重印）

ISBN 978-7-5113-7227-7

Ⅰ.①有… Ⅱ.①左… Ⅲ.①哲学—通俗读物
Ⅳ.①B-49

中国版本图书馆 CIP 数据核字（2017）第 278344 号

有趣的哲学故事

编　　著／左　岸

策划编辑／周耿茜

责任编辑／江　冰

责任校对／志　刚

封面设计／一个人设计

经　　销／新华书店

开　　本／710 毫米×1000 毫米　1/16　印张／15　字数／206 千字

印　　刷／三河市华润印刷有限公司

版　　次／2018 年 1 月第 1 版　2022 年 11 月第 8 次印刷

书　　号／ISBN 978-7-5113-7227-7

定　　价／36.00 元

中国华侨出版社　北京市朝阳区西坝河东里 77 号楼底商 5 号　邮编：100028
编辑部：（010）64443056
发行部：（010）64443051　　传　真：（010）64439708
网　址：www.oveaschin.com　E-mail：oveaschin@sina.com

如发现印装质量问题，影响阅读，请与印刷厂联系调换。

前言

谈及哲学，很多人都认为它是一门深奥难懂、枯燥无味的学科，实际上这种想法有失偏颇。哲学不是高贵的奢侈品、不是烦琐抽象的教条主义，更不是不着边际的高谈阔论。哲学是教人如何正确思考问题、认知世界、了解自我、超越自我的动力之源。它自从诞生以来，一直与我们形影相随，时刻指导着我们的"三观"，让我们在纷繁复杂的社会现状中认清方向。当然，哲学有哲学的高深性，这一点毋庸置疑，除此之外，哲学可以由一个个故事组成，因为哲学家为了阐释自己的思想与理论，必须通过一系列的例子来进行证明。

在哲学中产生的故事，或者说为哲学服务的故事，与普通故事的区别在于：哲学故事可以给我们以启迪，可以让我们从中悟出道理，可以为我们迷茫的人生点燃一盏导航灯。读懂哲学故事，其实就是一次自我的心灵洗涤。所以说，哲学虽然不能烘烤面包，但可以使面包增加香醇味。

人生从来就不会一帆风顺，有欣喜必然有挫折、有成功必然有失败、有付出必然有收获……任何事物均存在对立面。当我们彷徨、迷感时，哲学无法把困境从我们身边赶走，但哲学故事必然会为我们指引一条自我救赎的道路。沿着这条道路勇敢地走下去，我们便能逐渐认识到，生命的过程不在于得到多少或失去多少，而在于我们的心灵是否充盈。苏格拉底是西方伟大的哲学家，他的哲学思想对后人影响至深，他是雅典最有智慧的人，当他被雅典法庭以侮辱雅典神、引进新神论和腐蚀雅典青年思想之罪名判处死刑时，他坦然面对，毫不畏惧，这就是哲学的力量。庄子一生穷困潦倒，从不取悦上流社会，从不沽名钓誉，即便无米下锅时，依然活得洒脱自在，这就是哲学给他带来的快乐。

因此，从某一角度而言，哲学是提升我们认知的"助产士"，无论是精神层面还是物质层面，均让我们从中受益。当然，任何事情都有两面性，合理、辩证地去看待发生在自身或周边的事情，可以提高我们的个人认识，反之则思维僵化，开时间的倒车。

本书从哲学（生命中一场美丽的邂逅）、观点（时间能证明对与错的博弈）、智慧（开启未知世界的钥匙）等八个方面探讨哲学本身、哲学对人类的影响、哲学对人的帮助。书中以精彩有趣的哲学故事为基础，辅以理论知识，让读者在潜移默化中享受精神的盛宴。相信您阅读本书后，心灵将不再贫瘠、视野将不再狭窄、信念将不再飘摇、理想将不再模糊，像智者一样，幸福过好生活中的每一天。

目录

第二章　辩证：还原世界的本质

第七章　感悟：与智者一起品味生活

第八章　　生命：每个人必须面对的命题

第一章
哲学：生命中一场美丽的邂逅

哲学并不是要获得"真理"这个概念的意义、定义和用法，而是思考"真理"这个概念在观念、知识体系中适合放在什么位置上，与之密切相关的应该是哪些观念，与其他观念应该建立什么样的互动关系，在什么样的位置上就可能会有什么样的思想效果等。

智慧致富

泰勒斯（约公元前 624～公元前 547 年），古希腊第一个哲学家，唯物主义者，米利都学派的创始人。泰勒斯致力于自然哲学研究，通过刻苦钻研，知识越来越丰富，但他既不贪图美味佳肴，也不讲究穿着。因此，许多人都指责他，说自然哲学是无用的，越刻苦钻研自然哲学，就越使自己贫困。泰勒斯想，一个人是否富有，主要看他是否有丰富的知识，有了知识和智慧，就能使人富足。我现在之所以贫穷，只不过是我不想发财致富，现在人们这样指责我，实际上是在指责知识，指责哲学，那么好吧，让事实来说话吧。

泰勒斯精心研究天文、气象，还在冬天的时候，他就预测到来年的橄榄要有一场大丰收。于是，他把他仅有的一点钱作为租用米利都和丘斯的全部橄榄榨油器的押金，由于没有人跟他争价，他支付的租价是很低的。第二年，收获的时节到了，果然橄榄大丰收，突然间需要很多榨油器。人们纷纷向泰勒斯租用，泰勒斯可以恣意抬高价钱，赚了很大一笔钱，很快使自己富有了起来。于是，泰勒斯对人们说："这回你们知道了吧，哲学家们只要愿意，是很容易发财致富的，只不过，我的雄心不是发财，而是研究科学罢了。"

泰勒斯靠知识智慧致富，引起了希腊人的深思，研究科学的风气越来越浓。后来，泰勒斯还成功地预测了一次日食，说日食一定发生在公元前 585 年 5 月 28 日那天。结果，日食真的在这一天发生了，恰巧希腊的美迪人和吕底亚人正在战场上交锋，打得难解难分时，突然间白天变成了黑夜，人们这才想到了泰勒斯的预言。

泰勒斯能够预测日食的功绩，也被载入史册。

晦涩的哲人

赫拉克利特（约公元前 540～公元前 470 年），古希腊爱菲斯人，唯物主义哲学家。赫拉克利特是小亚细亚的爱菲斯人，他出身于爱菲斯王族。但他对地位、名誉却不屑一顾，而且禀性孤僻。当世袭的职务延传到他身上时，他不肯接受，而是让给了他的兄弟，自己则隐退到女神庙附近的一个地方苦心研读。

赫拉克利特不问政治，他抱着傲世的态度，瞧不起当时的政治与社会，也瞧不起古今的大思想家。当他家乡的人驱逐了他的朋友赫尔谟多罗这一位杰出的人物时，赫拉克利特气愤地说："爱菲斯人的一切成年人都应该绞死，城邦应交给尚未成年的人去管理。"他讽刺雅典的政治民主，对于经常放逐杰出的人物这一现象，赫拉克利特说，在我们当中不应当有最杰出的人，谁若是这样杰出的人，就让他到别处和别人居住。

有一次，赫拉克利特和一群孩子一起玩骰子，当人们围观时，他说："你们这些无赖，有什么值得大惊小怪，这难道不比你们参加你们的政治活动更好吗?"当有人问他为什么保持沉默时,他回答说:"为什么?好让你们去唠叨!"赫拉克利特把世人比作驴、比作狗,说:驴赏识草过于黄金;狗总是对着它所不认识的人叫;一般的人的智慧够不上认识永恒的真理,真理虽然就摆在眼前,但他们根本无法识别。本来是日常耳目所接触到的事物,他们还是免不了大惊小怪!他们的前程,自己看不见。宇宙的秩序,多么光荣,对他们来说,等于什么也没有。他们没有理性,附麘诗人的名言,顺随大众的意见,然而他们不知现在多数人是庸才,哲人是少数。一个伟大的人物能胜过千万个庸众。赫拉克利特还抨击当时的权威荷马和赫西俄德,他说,荷马不配列于作者之林,他的著作应当一笔勾销;赫西俄德是众人之师,许多人以为他无所不知,其实他连昼与夜都不知道。此外,他也批评巴门尼德等。

赫拉克利特用散文写下了哲学巨著《论自然》,其中第一篇是"宇宙论",第二篇是"政治论",第三篇是"神学论"。但他更喜欢用费解枯燥的文笔,使许多人看不懂他的著作,于是,人们给他起了个绰号,叫作"晦涩的赫拉克利特""晦涩的哲人"。

关于赫拉克利特的晦涩,曾使许多后来的哲学家争论不一,从他们的争论中可以看出,赫拉克利特的哲学虽然晦涩,但却是深奥的、丰富的。

例如,由于西塞罗认为赫拉克利特是故意把著作写得晦涩,而被别人批评西塞罗用自己的肤浅说成赫拉克利特的肤浅。亚里士多德认为人们之所以说它晦涩,乃是人们忽略了语法及不完善的语言,因为他的文章缺失标点断句,所以人们不知道,一个字是属于前面,还是属于后面。而苏格拉底却认为,赫拉克利特的著作写得好极了,尤其是现在所了解的那部分特别好，相信不了解的部分也是如此，要想探求赫拉克利特的智海里的珍珠，需要一个勇敢的潜水游泳者。黑格尔则认为，赫拉克利特的哲学之所以晦涩，是由于他的论述初看起来是很矛盾的，然而人们一旦用概念来打通它，便会发现他是一个有深刻思想的人，他的哲学是一切知识的完成，一个从理念到全体性的完成，而这个全体性就是哲学的开始，说出了理念的本质、无限的本质，作为对立统一。

赫拉克利特写完《论自然》以后，波斯国王大留士·希斯大斯比曾邀请赫拉克利特去波斯，使波斯能分享希腊的智慧，因为波斯国王认为他的著作含有世界理论的巨大能量，但由于许多地方晦涩，所以请他去讲解。赫拉克利特给波斯王写了回信，骄傲地拒绝了国王的邀请。他强烈地表达了他对人们当作真理和正义的东西的轻蔑。他写道："那样多的世人生活着，对于真理与正义都是陌生的，他们由于可恶的愚昧而保持着无节制的和虚妄的意见。但是我呢，由于我已遗忘了一切罪恶，遗弃了跟随我的无度的嫉妒和居高位的傲慢，我将不来波斯，而满足于我的卑微并保持我的素志。"

赫拉克利特曾把他的《论自然》这部晦涩的著作，放在爱菲斯的新安娜（月神）庙内，于是，许多人称这部著作为"缪斯"（艺术之神）。后来有人曾想整理它，但由于种种原因，未能使这部著作传世，只留下了一些残篇。赫拉克利特的著作在当时曾积极地影响了一大批人，这是不言而喻的。例如柏拉图曾特别勤奋地研读这部著作，在论著中多次引用它，而被誉为世界医学之父的希波格拉底，也曾深受赫拉克利特哲学的影响。

赫拉克利特就是这样一个晦涩的哲人。

思想财富和物质财富

德谟克利特（约公元前 460～公元前 370 年），古希腊阿布德拉人，唯物主义哲学家。德谟克利特出生在一个很富有的贵族家庭，有一次，一支希腊军队行军时路过他家，他的父亲就热情地款待了这支希腊军队，这足以说明德谟克利特的家境是很富足的。

但德谟克利特长大以后，没有把追求金钱当作目的。为了增长见识，他决定去旅行。旅行之前，他和两个兄弟分了家，自己只分得最少的一份财产，是现钱一百塔兰同，就带着这些钱上路了。

德谟克利特到过很多地方：埃及、巴比伦、波斯、雅典，人走到哪里，钱就花到哪里。等他游历了各地回到阿布德拉家乡时，已经是一贫如洗的穷人了。这时，家乡的人都瞧不起他，按照家乡的习俗，用尽父亲财产的人，死后得不到体面的安葬。但是，德谟克利特说："我是用尽了所分得的父亲的财产，但我到过许多地方，增长了知识，虽然失去了财产，头脑却丰富了。在我同辈的人当中，我漫游了地球的绝大部分地区，我探索了最遥远的地方；我看见了最多的土地和国家，我听见了最多的有学问的讲演；勾画几何图形并加以证明没有人超过我，就是埃及所谓丈量土地的人也未必能超过我。"德谟克利特说完这些话，又从身上取出一本书，他说，"你们看，这是我写的一本书，名字叫《世界大系统》。"接着就开始朗读起来。这时，围观听讲的人越来越多，人们完全被他的思想吸引住了。

德谟克利特看到人越来越多，家乡的人大多数都来了，于是他就给大家讲一个人应该如何生活，如何对待金钱和财富。他说："一个人卑劣地、愚蠢地、放纵地、邪恶地活着，与其说是活得不好，不如说是慢性死亡。一个人应追求对灵魂好的东西，追求神圣的东西，应该做好人，向好人学习。使人幸福的并不是体力和金钱，而是正直和公允。人不学习是得不到任何技艺、任何学问的。哲学能解除灵魂的烦恼，医学能治好身体的毛病。许多人在祈祷中恳求神赐给他们健康，却不知道自己正是健康的主宰。他们无节制地损害着健康；他们放纵情欲，自己背叛了自己的健康。"德谟克利特继续说，"人们只有通过对享乐的节制和生活的协调，才能得到灵魂的安宁。缺乏和过度变换位置，引起灵魂的大骚动。摇摆在这两个极端之间的灵魂是既不稳定又不安宁的。因此应当把心思放在能够办到的事情上，满足于自己可以支配的东西。不要光看着那些被嫉妒、被羡慕的人，思想上跟着那些人跑。倒是应该把眼光放到生活贫困的人身上，想想他们的痛苦。这样，就会感到自己的现状不错，很值得羡慕了，就不会老是贪心不足，给自己的灵魂造成苦恼了。因为一个人如果羡慕财主，羡慕那些被认为幸福的人，时刻想着与他们攀比，就会不由自主地不断搞出些新花样，由于贪得无厌，最终做出无可挽救的犯法行为来。因此，不应该贪图那些不属于自己的东西，而应该满足于自己所有拥的东西，把自己的生活与那些不幸的人比一比。想想他们的痛苦，自己就会庆幸命运比他们好多了。采取这种看法，就会生活得更安宁，就会驱除掉生活中的几个恶煞：嫉妒、眼红、不满。"

德谟克利特讲完了之后。听讲的人都向他欢呼起来，认为他讲得很有道理，人们向德谟克利特表示了极大的敬意。于是，阿布德拉的人们破例宽恕了他，使他不再受到谴责，看到他很穷困，又给了他一大笔钱。不久，又集资给他修造了一尊雕像。在德谟克利特去世后，人们又很隆重地安葬了他。

苏格拉底之死

公元前 399 年春天的一天，古希腊雅典法庭的门前，挤满了前来观看审判苏格拉底的人群。此刻，苏格拉底正在法庭上申辩，反驳对自己的诬陷、指控，只见他从容不迫，有条有理地驳斥了原告，证明自己无罪。苏格拉底的申辩得到了广大公民和有正义感法官的同情，但是却激怒了本来就想加害苏格拉底的权势之流，于是，法庭最终还是宣判处以苏格拉底死刑，接着，把他押进死牢。一个月后，死刑被执行。

苏格拉底为什么会被判处死刑呢？原来，那些混迹于官场的政客、不学无术的官僚、自以为有智慧的学人，早就对苏格拉底怀恨在心了。他们曾被苏格拉底揭露了底细，弄得狼狈不堪。加之看到苏格拉底在公民大众中的威望越来越高，而他们则相形见绌，更是妒忌眼红。于是，他们就密谋加害于苏格拉底，拟了三条罪状，控告他：侮辱雅典神、引进新神论和腐蚀雅典青年思想，并判处死刑。很快，法庭传审苏格拉底，随之便匆匆进行了宣判。

实际上，苏格拉底是有功于雅典的，他的哲学曾给雅典带来了荣誉，他讲课从不收学费，而是为了让大家和他一样去追求真理，此外，他还在战争中立过战功……但是欲加之罪，何患无辞！正是他的智慧和功绩，给自己带来杀身之祸。对于这一切，苏格拉底心里是清楚的，所以，他在法庭上义正词严地驳斥了对自己的诬告，视死如归。

本来，苏格拉底可以免于一死，例如，在未审判之前，可以逃离雅典，这在当时是很常见的事；在为自己辩护时，措辞软一些，说些悔改的话；或者讲述以往的战功，请求将功赎罪；还可以自认罚款，虽然自己没有多少钱，可是他有许多阔气的朋友，都肯替他帮忙；最后是在监牢的一个月中，仍可以设法逃出，许多朋友也肯出力，甚至在他临死的前一天，还苦苦地劝他逃出去。

但是，苏格拉底对这一切都全然不顾，抱着为真理而死的决心，就在他被迫喝毒酒而死之前，还在大谈哲学。喝过毒酒后，他痛苦但是坚定地死去了，终年70岁。

快乐清单

公元前341年，伊壁鸠鲁生于靠近小亚细亚西岸的萨摩斯岛。18岁时，伊壁鸠鲁到雅典服兵役，由于父母原本就都是雅典人，此后他便定居在雅典。期间，他也曾去过小亚细亚学习和教学，并在那里继续受到德谟克利特哲学的影响。然而，伊壁鸠鲁对所听所学大多并不认同，公元前306年，他返回雅典，设校讲学，广收门徒，并自成一派。

伊壁鸠鲁和朋友、学生们一起过着简单朴素的生活，节衣缩食，鄙弃奢侈，不求名禄，不问世事，打破社会传统，追求心灵愉悦的精神享受，俨然身处修道院中，直到老死。伊壁鸠鲁的花园里总是高朋满座，他们共同著书立说，就像那庭院入口处的告示牌上写着的一样："宾至如归，乐为至善。"伊壁鸠鲁也因此被称为"花园哲学家"。

伊壁鸠鲁在那些厌恶享乐、以艰苦自律的同行中算个异类。他强调感官的快乐，也承认自己酷爱美食，就是智慧和文化也必须与此相关，而行使得当的哲学更相当于快乐的指南。与众不同的是，他并不逃避责任或远离社会，因为最大的善根源于快乐，没有快乐，就不可能有善，"如果我把口腹之乐、性爱之欢、悦耳之娱、见窈窕倩影而柔情荡漾，一概摈弃，那我将无法设想善为何物"。

很少有人这样坦率宣称自己爱好享乐的生活方式，这使许多人感到震惊。特别是当听说，伊壁鸠鲁起初在达旦尼尔海峡的兰萨库，后来在雅典用富人支持的钱建立学校来推进快乐。而这所学校男女皆收，并且鼓励他们在一起学习、生活和享乐。外人便开始想象学校里面的所作所为，虽然让好奇心撩得直痒痒，却不敢亲身体验，还无中生有地予以谴责和抨击。

伊壁鸠鲁的学说确实吸引了众多的信徒，但不是每个人都能真正理解快乐主义的内涵。如同前面所讲到的，快乐既包括肉体上的满足，也包括精神上的愉悦。积极的快乐和消极的快乐之间显然存在着很大的区别，即使消极的快乐拥有优先的地位，可这种"餍足状态中的麻醉般的狂喜"只能让人感受到短暂的快乐。当一些庸俗的世人无法体会那种恒久的快乐，便会回转头来，倒打一耙，怪罪起先行者来了。良莠不齐的群体中总会有害群之马，心怀不满之徒便经常颠倒黑白、添油加醋地透露出那些在讲课间隙中的活动，给无聊的人充分的想象空间作为茶余饭后的话柄。

有一回，伊壁鸠鲁的助手梅特罗多洛的兄弟提莫克拉特散布谣言，说伊壁鸠鲁一天要呕吐两次，因为他吃得太多了，那是尽享"口腹之乐"的下场。

伊壁鸠鲁的快乐学说被一知半解地在地中海地区广为传播，其影响足足持续了 500 年，直到西罗马帝国衰落过程中才逐渐为残暴的野蛮人和基督教徒的敌视所消灭。此后，伊壁鸠鲁的名字更是以形容词的形式进入了多种语言，在牛津英语词典中，"伊壁鸠鲁的"被解释为致力于追求享乐，而引申意义为奢侈、肉欲、饕餮，倒具有了贬义。

伊壁鸠鲁从来都不凭直觉回答"怎样才能快乐"，因为，灵魂并不见得比身体对自我病痛的诊断更清楚、更准确。哲学的任务就是帮助解读我们自己弄不清楚的脉搏，用理性审视欲望的由来，以引导人们达到真正的快乐。他许诺：不能解除灵魂痛苦的哲学是无用的空话，正如不能治疗身体疾病的医药是无用的技艺。

一旦发现伊壁鸠鲁的实际爱好，谁都会感到意外。他并没有高堂华屋，饮食也非常简单；他只喝水而从不喝酒，一顿饭有面包、蔬菜和一把橄榄足矣。他曾对一位朋友说，"送我一罐奶酪，好让我想解馋时饱餐一顿盛筵"，这就是一位倡导享乐主义者的真实写照。

雄辩家

西塞罗（公元前106～公元前43年），古罗马阿尔庇努城人，古罗马政治家、雄辩家、哲学家。

公元前70年的一天，古罗马的广场上人群攒动，纷纷拥向广场的一角，只见一位青年，正口若悬河、滔滔不绝地讲演。他声音洪亮，言辞尖锐，大胆地抨击了那些罗马的贪官污吏，演说赢得了罗马市民一阵又一阵的掌声。

这位青年就是西塞罗。

当时，罗马广场是公民们经常公开活动的地方，他们在这里进行演讲、论辩、控诉以及投票选举。公民们如果蒙受不白之冤，可以请求他人为自己辩护。

西塞罗接受的第一个辩护案，就是罗斯塞乌斯案件。原来，罗斯塞乌斯家庭很富有，属于骑士民主派。公元前80年，他的父亲被人谋杀了。当时苏拉党人克赖塞乌斯看中了罗斯塞乌斯的财产，为了达到吞并这些财产的目的，克赖塞乌斯便把罗斯塞乌斯的父亲塞入公敌宣告名单，同时诬陷他犯有杀父之罪，欲置他于死地。这时，年轻的西塞罗勇敢地站出来，充当罗斯塞乌斯的辩护人，他不畏惧权贵，在法庭辩护中以自己的法律知识和雄辩的才能，用大量的事实揭露了克赖塞乌斯的罪恶丑行，使他威严扫地。结果，这一辩护胜利结束，罗斯塞乌斯被无罪释放，冤案得到了昭雪。

后来，西西里总督维列斯在当地横行霸道，敲诈勒索居民，贪赃枉法并行贿受贿，引起了西西里人民的强烈不满。西塞罗决定为人民伸张正义，对维列斯的罪行起诉，要求法庭公正判决。这时，有一位名叫霍坦塞乌斯的雄辩家，却公开跳出来为维列斯辩护。他的雄辩才能在罗马久负盛名，并被选为下届执政官。因此，西塞罗面临着严峻的考验。然而，西塞罗不畏惧权威，以事实为准绳，在法庭上慷慨陈词，揭露了维列斯在西西里的罪恶行径，尽管霍坦塞乌斯施展了他的全部才能，也无济于事，在西塞罗的痛斥下，维列斯狼狈不堪，霍坦塞乌斯也自知理亏，结果一败涂地。维列斯乖乖地接受了法庭的审判。

从此，西塞罗的名字传遍了罗马，不久，他便凭借自己的智慧和才能跻身于政界。

死亡之路

乔尔丹诺·布鲁诺（1548～1600年），意大利那不勒斯附近的诺拉镇人。文艺复兴晚期伟大的自由思想家。布鲁诺年轻时曾进入修道院当修道士，但后来因为反对经院哲学，主张人们有怀疑宗教教义的自由，遭到教会的迫害，因而出走，流亡国外16年，回国后被捕。在宗教法庭上，他英勇不屈，大义凛然，最后被烧死在罗马。

年轻的布鲁诺结束了10余年的修道院学习生活以后，面临着一个重要选择：今后干什么，走什么道路？教会希望他走为神学服务的道路，他才华出众，记忆力惊人，以后当一个高级神学家，他是最理想最合适的人选。但是，布鲁诺在这10余年修道院学习的生活中，深深地懂得了独立思考和自由的可贵，他希望探索真理，走追求真理之路。

然而，追求真理之路却是非常艰难坎坷的，对布鲁诺来说，是一条流亡之路。

有一天，在修道院组织的一次辩论会上，一位有声望的神学家批判一个名叫阿里奥的异端分子。这位神学家按照批判的惯例，只言片语地摘引了阿里奥的几段话，然后痛骂了一气，最后宣称阿里奥为异端。到会的神学家和大小僧侣们却为神学家的批判喝彩，他们得意扬扬，以为胜利了。突然，从会场中传来了为阿里奥辩护的声音，只见布鲁诺慷慨陈词，反驳那个神学家。于是，会场大哗，大小僧侣们愤怒地把布鲁诺围了起来，顿时嘲笑、谩骂、唾沫、拳头一起向布鲁诺倾泻过来。在这种情况下，布鲁诺不得不退出会场，在朋友的劝说下，连夜逃出了修道院。

布鲁诺再也不能继续待在意大利了，从 1576 年开始，他便过上了流亡的生活。他到过日内瓦、巴黎、伦敦、法国、德国，最后返回了意大利，整整流亡了 16 年。这 16 年中，他用笔和舌做武器，同宗教神学做坚决的斗争，为探索真理做出了贡献，赢得了前所未有的荣誉。

苦　读

托马斯·康帕内拉（1568～1639 年），生于意大利南部卡拉布里亚省斯提罗城附近斯拉诺村的贫苦家庭。是 16 世纪末 17 世纪初意大利著名哲学家、伟大的爱国主义战士和杰出的空想共产主义者。

康帕内拉在少年时代，就非常喜欢读书。1582 年，他进修道院当了修士。在修道院中，他把全部精力都放在学习上，阅读古希腊的各种名著和中世纪哲学家以及莫尔、哥白尼、布鲁诺、伽利略等人的著作。功夫不负有心人，康帕内拉读了大量的书籍，丰富了自己的头脑。

有一次，一个教派的僧侣们挑起了一场关于宗教教义的争论。在这次会上，康帕内拉同一个对手辩论，他运用自己所学到的知识，旁征博引，令人信服地驳倒了对手，使人们对他刮目相看。

后来，康帕内拉被调到另一个修道院。他一如既往，常常通宵达旦地埋头读书。在一周之内，就把供一个月使用的蜡烛用完了。康帕内拉的求知欲望非常强烈，以至于觉得书不够读。他说："我的贪得无厌的胃口是喂不饱的，老是感到饿得要命。我是阿里斯达克和密得罗多尔，吞食了庞大的世界仍还没有吃饱。无止境的愿望使我永远苦恼：我认识得越多就知道得越少。"

苦读使康帕内拉的知识越来越丰富，为他成为一名卓越的思想家、哲学家打下了深厚的基础。

旅行与哲学

霍布斯（1588～1679 年），英国唯物主义哲学家，出身于牧师家庭。早年受教于牛津大学，并当上了大贵族的家庭教师，因而得以进入上流社会，后来成为英国大资产阶级和新贵族的代表。

霍布斯一生中有三次大旅行，使他与哲学结下了不解之缘，过上了终身研究哲学的生活。

第一次旅行时，霍布斯已经 22 岁了。他当上了哈德威克勋爵（此人后来成为第二德芬郡伯爵）的家庭教师。当时英国富贵家庭的子弟为了完成其教育，往往到法国和欧洲大陆其他国家去旅行。霍布斯陪同哈德威克前往法国和意大利。这次旅行开阔了霍布斯的眼界，他开始知道了伽利略和开普勒在天文学上所做出的贡献。霍布斯由衷地从心中对他们生起一种敬意。接着，回到国内，他又结识了本·琼生、培根、赫伯特勋爵等重要人物，特别是与培根的结识，使霍布斯难以忘怀。

第二次旅行，是在德芬郡伯爵死后。此时，霍布斯已经 40 岁了。（伯爵留下了一个幼子，霍布斯后来又当了他的老师。）他暂时离开了伯爵家，去给另一个贵族之子克林顿当家庭教师，接着陪同他的新学生去欧洲大陆访问，到了法国和意大利。就在这次旅行中，霍布斯有机会阅读了古希腊数学家欧几里得的著作，这使他确信数学方法在哲学上的应用是非常有益的。据说，这本欧几里得的著作《几何学原理》，是霍布斯在法国访问一位绅士时，在他家的书房中发现的，当时此书正放在书桌上，书页翻到第一卷，命题47。霍布斯过去没有注意到几何学，他好奇地读了下去，结果发现几何学的逻辑证明如此严密和精切，使他赞叹不已。后来，霍布斯开始研究几何学，用几何学的方法论证他的哲学。

第三次旅行，是霍布斯回到德芬郡伯爵家，再任伯爵留下的幼子的家庭教师，陪同他前往欧洲大陆。这次旅行，对霍布斯意义更为重大。在意大利，他拜访了伽利略，后来又结识了比埃尔、伽桑狄和麦尔欣（在以后的岁月中，霍布斯曾通过麦尔欣，结识了笛卡尔）。与法国哲学家和意大利科学家的交往，使霍布斯又一次受到了思想上的启发。1637年，他返回英国，这一年，他已经49岁了。

霍布斯的三次大旅行，使他增长了见识，丰富了思想。他看到了科学技术的发展，觉得应向伽利略、开普勒他们那样，把自己的终生献给科学事业。他崇尚培根、伽桑狄，认识到哲学是为人类谋福利的，他认为知识的目的就是力量，人类的最大利益，就是各种技术，而哲学是一切利益的原因。他提出哲学的研究对象要排除神学，排除天使以及一切被认为既非物体又非物体的特性的东西，排除天使，排除神的灵感和启示，排除一切错误，也排除敬神的学说。这样，霍布斯把哲学的主要部分分为两类，因为有两类物体，彼此不同。其中一类是自然的作品，称为自然哲学；另一类是国家，称为公民哲学。他要为这两类哲学，贡献自己的研究力量。

后来，霍布斯写出了《论物体》《论公民》两部著作。

霍布斯一直有旺盛的精力，他孜孜不倦，锲而不舍，终身没有结婚，他认为这是一种最适合于哲学研究的生活方式。

霍布斯死于 1679 年的冬天，享年 92 岁。

又一个普罗米修斯

在古希腊神话中，巨神普罗米修斯从神那里盗走了火，把火传给了人间，但他却受到宙斯的惩罚，被锁在高加索的悬崖上，让鹰啄食他的腑脏，受尽了折磨。康帕内拉的遭遇与普罗米修斯一样，他是又一个普罗米修斯。

1591 年，康帕内拉的《感官哲学》一书出版，因而被宗教裁判所逮捕。后来被押往罗马，受到残酷的刑讯，不久，他被开除了教籍，勒令他返回故乡。

康帕内拉回到家乡以后，看到家乡的人民流离失所，贫困不堪，生活在水深火热之中。他心想，人民对自己的苦难还能忍受多久呢？于是，他积极鼓动和组织武装起义。由于叛徒出卖，康帕内拉不幸又被逮捕入狱。作为一个政治犯、异端分子，要由罗马宗教裁判所裁决。这时期，教会势力百般折磨康帕内拉，用尽了各种毒刑，妄图使他屈服，甚至把他关进了臭气冲天的、冰冷的、被称为"鳄鱼坑"的泥潭里，一般人在这里一天也受不了，他却被关了整整 7 个昼夜。但是，康帕内拉仍然没有屈服。

在狱中受尽折磨的康帕内拉，顽强地同教会势力做斗争。他经过构思，决定写一部著作。他渴望见到太阳，他热爱阳光，憎恨黑暗的旧世界，向往新世界。他认为，太阳是一切光和热的源泉，太阳会给人类带来光明。于是，他就把这部书的名字定为《太阳城》。1601 年下半年，此书意大利文本已写完，1613 年康帕内拉又把它译成拉丁文，直到 1623 年，才在法兰克福出版。他在狱中得知自己的著作出版，感到无比欣慰。

康帕内拉的《太阳城》正如普罗米修斯把火带给人间一样，给人民带来了光明，使人民在黑暗的旧世界中，看到了新世界的曙光，鼓舞了人民的斗志。而康帕内拉也把自己比作普罗米修斯，要把一切丑恶的东西放在太阳的烈火中统统烧光，使人民不再受剥削压迫，过上美好幸福的生活。

酷爱哲学

休谟（1711～1776 年），是苏格兰的不可知论哲学家、经济学家和历史学家，他被视为苏格兰启蒙运动以及西方哲学历史中最重要的人物之一。休谟于 1711 年 4 月 26 日（儒略历）出生在英国的爱丁堡。虽然他的家世在父系和母系方面都属于名门望族，但到了休谟的父亲这一代，并不是富裕的。在休谟还是一个婴儿时，父亲就去世了，在母亲的教育下，休谟渐渐长大。

休谟在很小的时候，就对哲学产生了极大的兴趣。他勤奋好学，在学校里的成绩总是名列前茅。由于休谟的性格沉稳、含蓄，当时许多人都认为法律专业最适合休谟，将来休谟一定会成为一个大法官。休谟读书时，多数人都以为他是在读法学家屋埃特和维尼乌斯的著作，实际上，他是在读哲学家西塞罗和维其尔的著作，他被其深奥的哲学思想所吸引，总是读到很晚的时候才回家。

休谟酷爱哲学，同时也对文学感兴趣，他把爱好文学的热情作为一生的主要情感，在热情的支配下，更促使他对哲学深入钻研。后来，他写出了著名的《人类理解研究》《人性论》等著作，使自己获得了很大声誉。休谟在晚年时说："除了哲学和一般学问的研究之外，我对任何东西都感到一种不可抑制的嫌恶。"这句话足见休谟对哲学的酷爱了。

生理缺陷与智慧

马勒伯朗士（1638～1715 年），法国哲学家。马勒伯朗士从唯心主义方面继承和发挥了笛卡尔的学说。他认为神是宇宙间实体和变化的唯一原因，不仅是万物的创造者，并且自身包含着万物。主张偶因论，认为具有广延性的肉体和具有思维的灵魂不能直接发生联系，随时随地联系二者的是神。因此，人的认识来源于神，而不是事物作用于感官所引起的。

1638 年马勒伯朗士出生在巴黎，他自幼身体非常虚弱，发育不良，以致后来甚至有些畸形。生理上的缺陷曾使马勒伯朗士极度自卑，他痛苦万分，为此感到悲伤，怕羞，怕见到人。

然而，身体上的畸形，并不是科学研究的障碍，当马勒伯朗士认识到这一点时，他兴奋极了，决心献身于科学。于是，他开始研究数学，但这些都不能满足马勒伯朗士的求知欲。后来，他在笛卡尔哲学著作的启发下，转向了对哲学的研究，终于在哲学方面做出了突出的成就。1674 年，马勒伯朗士写出了《真理的探求》一书，深受人们的重视，并使马勒伯朗士与许多有识之士建立了友谊。1680 年，马勒伯朗士又发表了他的论文《论自然和恩赐》，后来（1683 年）又发表了《关于宗教和形而上学的探讨》《道德论》（1684 年）等一系列著作，这些著作深受人们的重视，有许多外国人都纷纷来访问马勒伯朗士。

马勒伯朗士从一个为身体畸形而深感自卑的人，成长为一个哲学家，这是他一生中勤奋努力的结果，费尔巴哈曾幽默地说道："自然界赐给他这样的身体，也许是为了预先惩罚他后来在哲学中所表述的那种对一切感性的、有形体事物的蔑视；或者，自然界之所以剥夺他的身体财富，是为了使他更加深刻地领会精神财富的价值，使他更易于抛开一切物质事物，而这一点正是他的生活和他的哲学的特征。"

不信上帝的神父

梅利叶（1664～1729 年），18 世纪法国唯物主义者、无神论者、空想社会主义者。梅利叶早年在宗教学校里受教育，深受唯物主义者卢克莱修的影响。毕业后担任教职，成为一个低级教区的神父。但他同情受大僧侣和贵族压榨的农民，愤怒谴责封建专制统治者，无情揭露封建专制的暴政，主张建立公有制的村社联盟。他论证宗教是人捏造出来的，证明物质是万物的始因，"只有物质才推动物质"，从而否定了上帝作为"第一推动力"的存在。

1689 年，梅利叶来到埃特列平教区，负责这个教区的教务工作。本来，梅利叶是不愿意担任教职的，只是为了顺从父母的意愿，迫不得已当了神父。他说："在我年轻的时代，人们劝我接受圣职。我的父母很愿意看到我有这个身份，他们认为这个身份比一般人的境遇要安静些、太平些、受人尊重些。为了不使父母难过，我担任了这个职务，但是我可以不昧良心地说，物质利益上的理由，绝不能使我爱上这个滋生着谬误和欺骗的职务。"

梅利叶所负责的埃特列平教区，是一个远离省城、只有150多户人家的小村庄。他亲眼看见了自己的教徒——农民们的生活苦难，心中难以平静，深深地同情这些在苦难中煎熬的农民们。因此，执行圣礼时，他都不收酬金，每年把自己的一部分收入送给穷人，梅利叶的所作所为，受到了当地农民教徒的拥护，但也遭到了大主教和埃特列平的封建领主安·德杜里的忌恨。梅利叶毫无畏惧，在教会讲坛上斥责德杜里对待农民残暴无道，而德杜里则向大主教控告梅利叶，说他玩忽职守，在教堂里不设忏悔室，违反惯例，只供封建领主坐的席位后面摆了给平民坐的板凳。于是，大主教传讯梅利叶，梅利叶不仅不为自己辩白，反而宣读了大家事先写好的反对贵族阶层的激烈演说。结果，梅利叶受到幽居一个月不许出门、不能回教区的惩处。

梅利叶回到埃特列平教区以后，并没有停止对封建领主的谴责和批判。同时，他明确地告诉教徒们，教会的说教都是骗人的，上帝根本就不存在，他说："我不得不教导你们信我的宗教……这时候我知道自己处境可悲，我必须做完全违反本意的事，说完全违反本心的话；我必须向你们宣传那些极其愚蠢的谬论和荒唐无稽的迷信，而这些都是我内心所痛恨、痛责和痛骂的。但是我让你们确信我总是很勉强地并且极其厌恶地做这个的。我内心完全痛恨自己的这个荒谬的职务。"

梅利叶这个不信上帝的神父，后来终于和封建领主与大主教彻底决裂了，并与他们进行了公开的斗争。

哲学的激情

德尼·狄德罗（1713～1784年），法国唯物主义哲学家、启蒙思想家、无神论者，著名的《百科全书》的主编。在哲学上，他坚决反对上帝的存在和灵魂不朽之说以及不可知论、二元论和主观唯心主义。他把物质"分子"看作自然界的统一基础。"分子"永恒不灭，为数无穷；是多种多样的，并且同时间、空间和运动不可分离。

狄德罗年轻的时候，由于不接受父亲为他安排进修道院做修士的工作，使他父亲大为恼火，从此拒绝在生活上接济他。结果，狄德罗生活上无着落，甚至过着流浪汉一样的生活。

狄德罗生活在巴黎的拉丁区，住在离圣日耳曼广场不远的一个破房子里。从圣日耳曼广场走出去，就是奥古斯坦码头街，这条街道上有一个叫巴布蒂的书商，开了一个小书店，狄德罗每从奥古斯坦码头街走过，就要进这个书店去看看。书商的女儿巴布蒂小姐负责取书，接待顾客，她年轻、漂亮，颇引来往顾客的注意。狄德罗经常到书店，渐渐地和巴布蒂小姐熟了起来。后来，狄德罗几乎天天去书店，有时也为了能和巴布蒂小姐攀谈一阵儿。

一天，狄德罗又来到了书店，巴布蒂小姐高兴热情地接待了他。狄德罗正要和小姐攀谈的时候，突然他的手翻到了新到的一本哲学书，书名《哲学信札》，作者是伏尔泰。狄德罗以惯有的不由自主的敏捷动作翻开书，目光投到书上。这时，他完全被书中的论述吸引住了，对他来说，仿佛巴布蒂小姐那美丽的双眸在他眼里都失去了光泽。一小时过去了，两小时过去了，狄德罗还站在那里像钉在地上一样，觉察不到时间在流逝。巴布蒂小姐对他这种无动于衷的态度有些不高兴，不得不提醒他，吃午饭的时间到了。此时，他用迷惘的眼光看看她，把书放在柜台上，走了出去。他沿着塞纳河大步向前走去，不断撞着行人，碰翻鸡笼，根本听不见妇女的咒骂。他的眼睛完全被那本书所引发的激情蒙盖而什么也看不见了。

后来他不由自主地走到了码头，倚在栏杆上，好像在欣赏船舶的移动。但他脑海中浮现并不是塞纳河，而是泰晤士河及其巨大的船舶，那海上的天空，水手们的小酒店，那是个刚毅的、有条理的、强大的、自由的民族！啊，是的，是自由的民族！它还是个贸易发达的、豪放的、从事远方事业、理智的、摆脱狂热和愚昧迷信的民族。而可怜的法国人民，可耻地被其贵族残暴压迫，受其教士愚弄，仍然在种种迷信中挣扎着。他隐约感到一个伟大的任务：改造祖国的灵魂，引进新的道德观念……正悄悄地进入他的心田，他被这股激情所激动，忘记了时间，忘记了吃饭，在河堤上久久徘徊沉思，直到日色已暮，他才感到饥肠辘辘，便匆忙走到一家店铺去填饱自己的肚子。

这一天，对狄德罗是决定性的一天，从此他决心从事哲学研究，来度过自己的终生。

哲学之路

伊曼努耳·康德（1724～1804年），德国作家、哲学家，德国古典哲学主义的奠基人。康德是二元论者，在哲学上试图调和唯物主义与唯心主义，他承认自在之物，又认为自在之物不可知，表现了德国资产阶级的软弱性、妥协性。

1724 年 4 月 22 日，康德出生在普鲁士的哥尼斯堡城。他从入小学起，上中学、大学，后来在哥尼斯堡大学当教授，除了做过几次短暂的旅行之外，几乎一辈子也没有离开哥尼斯堡，一直到去世。

哥尼斯堡这座城市并不很大，也不出名。但市内有一条路却非常引人注意，哥尼斯堡的居民们称之为"哲学之路"。

原来，康德当上了哲学教授以后，住在哥尼斯堡城普凌策辛街旁的一所住宅里。这里通向国王的城堡腓特烈要塞有一条路，康德经常在这条路上散步，从家门一直到城堡，然后返回。

散步是康德休息头脑的一种方式，他非常喜爱这种方式，一年四季康德都在这条路上走来走去，长年累月，风雨无阻。有趣的是，康德散步是有时间规律的，非常准时。每当居民们看到他走到有菩提树的小林荫道时，时间正好是下午三点半，这时附近的居民们都纷纷从窗子里探出头来对表。

康德的散步，成为哥尼斯堡居民的趣谈，据说，康德去世许多年以后，人们还管这条路叫"哲学之路"。

天才或白痴

哲学面向的是全新的未知领域，所做的是基础性的奠基工作，常常没有任何现成的知识可资借鉴，因此要在哲学上取得成就需要极大的创造力。成为一个哲学家，就是尽力发挥这种创造力。反过来讲，创造力不仅影响哲学家的学问研究，在很多时候也会影响他的生活。于是，很多哲学家都很有创造性，换句话说，就是和一般人不一样。按照中国的老话说，非常人有非常"体"，也有非常"行"。20 世纪英国哲学家维特根斯坦就是一位"非常人"，体现了哲学家生活方式非同一般的风范。

1889 年，维特根斯坦出生于奥地利的一个犹太家庭，后来加入了英国籍。维特根斯坦的父亲是欧洲著名的工业家和亿万富豪，他想把儿子培养成工程师，所以把维特根斯坦送到英国学习航空工程。在学习数学的过程中，维特根斯坦研究了数学基础问题，阅读了英国哲学家罗素的《数学的原理》，从而激起了学习哲学和逻辑学的兴趣。1911 年，维特根斯坦来到剑桥大学师从罗素学习逻辑学，受到罗素的赏识并被其视为理想的接班人。

据说，有一天维特根斯坦问罗素："你看我是不是一个十足的白痴？如果我是，我就去当一个飞艇驾驶员，但如果我不是，我将成为一个哲学家。"于是，罗素要他写一篇论文，只要写他感兴趣的题目就行。不久，维特根斯坦便把论文拿来了。读了第一句，罗素就确信维特根斯坦是个天才，劝他无论如何不要去开飞艇。维特根斯坦的另一个老师摩尔也非常欣赏维特根斯坦，因为摩尔讲课时维特根斯坦看上去很困惑，而其他人却好像很明白。

后来，维特根斯坦在剑桥大学博士论文答辩时，主持人是罗素和摩尔。罗素问他："你一会儿说关于哲学没有什么可说的，一会儿又说能够找到绝对真理，这不是矛盾的吗？"维特根斯坦拍着他们的肩膀说："别急，你们永远也搞不懂这一点的。"答辩就这样结束了，罗素和摩尔一致同意通过答辩。

在哲学上，维特根斯坦无疑是一个天才。有人曾经说过，一个伟大哲学家的标志就是他的出现能为哲学指明全新的方向。而这样的事情维特根斯坦做了两次。1919 年，他的《逻辑哲学论》出版，在哲学界引起强烈轰动，极大地推动了现代哲学从认识论向语言哲学的"语言学转向"。维特根斯坦以为《逻辑哲学论》已经解决了所有的哲学问题，因此退隐到奥地利南部的山村，做起了小学老师。后来，他逐渐对《逻辑哲学论》中的观点产生了怀疑。1929 年，维特根斯坦重返剑桥，后来接替摩尔成为哲学教授。1953 年，维特根斯坦的遗作《哲学研究》被编辑出版，这本书对《逻辑哲学论》中的观点做了非常大的修正，直接影响了日常语言学派的兴起。

维特根斯坦多才多艺，一生从事过很多职业，包括士兵、机械师、建筑师、小学老师、大学教授等。10 岁时，维特根斯坦就自己制做了一台缝纫机，后来又造过飞机的发动机，还为姐姐设计过楼房。此外，他的单簧管演奏也非常专业。

维特根斯坦的父亲是亿万富翁，积累的财富在欧洲曾经是数一数二的。维特根斯坦却认为这么多的财富是祸根，把继承的遗产全部送给了别人，而自己过着很简朴的生活，衣着简约，不拘小节。做小学教师时，维特根斯坦不仅敬业尽职，而且对学生们满怀爱心。他讲课常常运用很多有趣的实例，激发了孩子们的学习热情。他还带着学生们组装蒸汽机，甚至自己花钱带他们参观、旅行。维特根斯坦一生未婚，却提出收养一个自己的小学生，可是被那个孩子的父亲拒绝了。

维特根斯坦的脾气不是很好。有时，他的粗暴态度确实让人非常难堪。有一次，维特根斯坦主持欢迎哲学家波普尔的报告会，当听到波普尔对道德问题的观点时，维特根斯坦打断了波普尔的发言，说哲学问题不是他想得那么简单。波普尔也是 20 世纪最著名的哲学奇才之一，他遭到维特根斯坦的质疑，便反驳说他演讲中用的是维特根斯坦及其学生写的东西做例子。维特根斯坦听后大发雷霆，高举拐杖质问波普尔："那么，你给我举一个关于人们公认的道德规范的例子！"

波普尔毫不示弱地回答道："比如，不要用拐杖威胁一位做客的演讲者！"

维特根斯坦听后摔门而去，被罗素拉了回来。

当时，英国学术界很少有人不怕维特根斯坦，只有罗素、摩尔等少数人才敢和他争论，被邀请到剑桥的知名学者几乎都领教过维特根斯坦的臭脾气。维特根斯坦最后还是辞去了剑桥的教授职位，理由是"不堪忍受教授的生活"。此后，他在爱尔兰乡间继续从事研究工作，基本上过着一种隐居生活。

有人说维特根斯坦是个圣人，也有人说他是个疯子，还有人说他是白痴，更多的人说他是天才。无论如何，很难再找出第二个像维特根斯坦那样的人。1951 年，维特根斯坦因癌症在剑桥大学逝世。

第二章
辩证：还原世界的本质

辩证指人们通过概念、判断、推理等思维形式对客观事物辩证发展过程的正确反映，即对客观辩证法的反映。辩证思维最基本的特点是将对象作为一个整体，从其内在矛盾的运动、变化及各个方面的相互联系中进行考察，以便从本质上系统地、完整地认识对象。

数学与哲学

毕达哥拉斯（约公元前 580～前 500 年），古希腊数学家、哲学家。毕达哥拉斯是希腊半岛的萨摩斯人。他的青年时期在统治萨摩斯的波吕格拉底的宫廷里度过。后来因避暴政，迁到克罗多尼，以后又因为避政敌，再次迁到梅塔彭顿。因此一直过着动荡不定的生活。毕达哥拉斯旅游小亚细亚大陆时，曾结识了泰勒斯，学习过他的思想。后来，他又到过腓尼基和埃及等许多地方，开阔了眼界，丰富了阅历。

毕达哥拉斯对数学颇有研究，他把数学和哲学联系在一起，通过数学来讲述自己的哲学。一句话，他要用数学观念，来达到他的哲学目的。

毕达哥拉斯说："数是一切事物的本质，整个有规律的宇宙的组织，就是数以及数的关系的和谐系统。"这是毕达哥拉斯学派哲学的简单命题。这样一来，毕达哥拉斯就把感性的实体取消了，把它看成思想的实体，本质被描述成非感性的东西，一种与感性、与旧观念完全不同的东西被看成是本体和真实的存在。这种思想，在当时来说，是打破旧观念的一个举动，给人以耳目一新的感觉。

毕达哥拉斯把数当作概念，认为算数的一、二、三等是和思想范畴相应的，在数中比在火、水、土中见到更多与现象界事物的相似之点，灵魂、理智、时间等都和数的性质相关联，数就是尺度。他通过观察研究，认为一部分数表现为思想范畴，首先是统一、对立的范畴，以及这两个环节统一的范畴；一部分数表现为绝对原则。毕达哥拉斯说："数的元素是奇和偶，奇数是有限的，偶数是无限的。""一本身由奇偶二者而来，而数则由一而来。""如三就是三个一、三也是一。而一虽是原则，它本身还不是总数。"他又进一步说："一就是奇与偶，因为一加上偶数便成为奇数，加上奇数便成为偶数，所以，一也就是奇与偶的对立统一。"

毕达哥拉斯把对立定为 10 个。1. 限度与无限，2. 奇数与偶数，3. 一与多，4. 右与左，5. 男与女，6. 静与动，7. 直与曲，8. 明与暗，9. 善与恶，10. 正方形与平行四边形。他列举的这 10 个对立范畴，是很有思想性的。这里可以看出认知事物的三种方式：第一是按照殊异，第二是按照对立，第三是按照关系。例如，按照殊异，每个对立范畴中的事物都可以自为地被观察，都与自身相联系，如：限度、奇数、一、右、男、静等。按照对立，则一个东西被规定与另一个东西完全相反，如善与恶、公正与不公正、静与动等。按照关系，则被规定为相对物，如上与下，右与左，如果不同时想到右，就不能想象左。毕达哥拉斯进一步发现，在对立的范畴中，其中一个发生，另一个就会消灭，反之亦然。如运动消失时，静止即产生；当运动产生时，静止即消灭。而在关系的范畴中，则和对立的范畴相反，一方面同时生，同时灭。如右取消了，左也就取消了。此外，他还看到，在对立的范畴中，没有中介，如静与动、恶与善，而在关系的范畴中则相反，它们有一个中介，如大与小之中就有中间的存在。

毕达哥拉斯就是这样从数学出发，把人们引向哲学的。他提出数的观念，在人类认识发展史上，是个了不起的进步，他看到了宇宙万物中的对立关系，看到了它们的统一，对辩证法的发展，有着重要的贡献。

一切皆流，一切皆变

赫拉克利特写完了《论自然》以后，引起了爱菲斯地方许多人的注意，但他们弄不懂里面的思想。例如赫拉克利特说，"有不比无多"，它是同样的少；"有与无是同样的"，本质是变；"绝对是有与无的统一"；又说，"万物皆流转，无物常住，亦无物永为同一之物"；等等，许多人不明白其中的道理。

有一天，一些人来向赫拉克利特请教上述问题，赫拉克利特给他们讲了几次，他们也还是不明白。于是，赫拉克利特把他们领到河边，指着河流说，"人不能两次踏入同一条河流""一切皆流，一切皆变"，说后，自己脱下衣服，踏进了河流，然后走出来，又踏了进去。赫拉克利特说，当我第一次踏进河流时，腿接触了河水，但由于河里的水是在流动的，所以当我第二次又踏进河流时，第一次腿接触的河水早已流走了，然而表面上我还是在这条河流之中。这就说明，万物即像流水，没有一瞬的止息，一切都是流动的，一切都是在变化的。因此，无物是恒久的，真理是变，不是"有"。这些人听了赫拉克利特的解说，豁然开朗，确认他说的话是有道理的。

赫拉克利特提出："一切皆流，一切皆变。"是为了反对埃利亚学派提出的"存在是一"，它是不动亦不变的论点。赫拉克利特第一个提出了有与无是对立的统一，即有不存在，无也不存在，无不存在，有也不存在，对立物存在于同一的东西之中。他的这个思想是很伟大的，所以列宁高度评价赫拉克利特的论述，说它是对辩证法的绝妙的说明。

赫拉克利特把流和变看成是真理发展的道路，这是正确的。特别是看到事物的对立统一，发现了事物运动的原因，表明赫拉克利特的思想是相当深刻的。

万物为什么能够运动呢？赫拉克利特指出，是由事物内部的矛盾决定的，它们中间有对立的东西，而且对立的东西要进行斗争，要互相转化，例如冷的变成热的，热的再变成冷的；湿的变为干的，干的又变为湿的；"生与死、梦与醒、少与老，始终是同一类的东西，它们之间能相互转化。"他还说，"疾病使健康成为愉快，坏事使好事成为愉快，饿使饱成为愉快，疲劳使安息成为愉快。"最后他还说，"战争是普遍的，正义就是斗争，一切都是通过斗争和必然性而产生的。"

赫拉克利特把事物的矛盾对立，看作是通过斗争而相互转化的，找出了事物运动的原因。他是在欧洲哲学史上第一个认识了对立统一规律的人，尽管他的论述还不够完整明确，但他终究不愧被称为"辩证法的奠基人之一"。

苏格拉底的诘难

一天，一个叫欧谛德谟的人与苏格拉底讨论什么是"公正"。苏格拉底问："说谎、欺骗、抢劫，以及使一个自由的人成为奴隶是不是公正？"欧谛德谟答道："当然应归于不公正。"然后苏格拉底又问："如果一位将军征服了敌国，这算不算公正呢？"欧谛德谟回答："是公正的。"苏格拉底接着说："如果这位将军欺骗、抢劫了敌人，使敌人成为奴隶呢？"欧谛德谟不得不承认："这也是公正的。"因此，苏格拉底得出：同一件事，既可归入公正，也可归于不公正。

但欧谛德谟又进一步明确："说谎、欺骗等行为，只有针对朋友时，才是不公正的。"苏格拉底笑了笑，说道："如果一位将军在决战关键时刻，见到自己的军队很慌乱，并且马上就可能被敌军击败，于是这位将军就欺骗士兵们说，援军马上就来了，于是将军的队伍重整旗鼓打败了敌军，这是否可以说是公正的呢？"欧谛德谟想了想回答说："这也算是公正吧。"苏格拉底又说："如果有一位父亲为了医好得了重病的孩子，哄骗小孩吃下了他不愿吃的苦药，由于这个欺骗，孩子的病好了，这是不是公正呢？"欧谛德谟回答说："是公正。"苏格拉底又说："如果一个人看见他的朋友因绝望而起了自杀念头，于是偷偷地或公开地用暴力夺走了这位朋友用来自杀的武器，这是不是公正呢？"欧谛德谟无可奈何地说："亲爱的苏格拉底，这也是公正的哟。"

因此，苏格拉底得出结论：同一件事对朋友和敌人都有两面性，可归于公正也可归于不公正。

苏格拉底的这种机智的辩论是一种通过揭露和制服对方议论中的矛盾而取胜的艺术，当时人们就称之为辩证法，这种方法经过两千多年的长期演变而成了人们观察世界和认识世界的有效方法。唯物主义辩证法也是从它发展而来的。

唯物主义辩证法就是关于自然界、人类社会和思维发展普遍规律的科学，是无产阶级的世界观和方法论。这种世界观和方法论就是用普遍联系、永恒发展、对立统一、具体情况具体分析等主要观点来看待问题、分析问题和解决问题。当我们运用唯物辩证法来观察和认识我们周围的世界，分析遇到的事物时，我们就会更加全面、深刻地认识事物。

对立面的一致

尼古拉是文艺复兴时期辩证法的卓越代表，他的辩证法中，"对立面一致"的思想很突出，给人以很大启发。

所谓"对立面的一致"，是尼古拉把极大与极小、绝对与相对、无限与有限、单一与复杂统一起来而提出的。其中，他对极大与极小的论证很有趣。

尼古拉说，如果你把你的思考局限于量上面的极大与极小，则极大的量是无限地大，极小的量是无限地小。如果你在思想上把大与小的量的概念放在一旁，留下的就是没有量的极大与极小，这样极大与极小就变成统一的了。没有量的极大与极小是怎样统一的呢？尼古拉说，因为事实上极小也是最高级的，这在程度上同极大一样，极大与极小可以同等地用来表示绝对的量，因为在绝对的量中，它们是同等的。它们在量上都是无限的，这也是同等的。最终尼古拉得出了结论：极大与极小是对立统一的。

尼古拉关于辩证法的论述，在中世纪哲学中占有重要的地位。

罗丹与巴尔扎克的手

一天深夜，法国大雕塑家罗丹还在他的工作室里忙碌。他在为当时法国的大文豪巴尔扎克雕一座像。艺术的灵感和创造热情使罗丹十分激动，他围着将要雕成的像不停地刨削填补，就在这天晚上他完成了这座雕像。巴尔扎克身着像僧衣一样的宽袖长袍，双手重叠着放在胸前，睿智、硕大的头高昂在结实的肩上。饱经世事风霜的脸，悲天悯人地向着空中，犀利的目光，乜斜地抛向纷繁的尘世。罗丹不断地打量这件气宇非凡的作品，连自己都惊呆了。他不禁自言自语地说道："这简直是件了不起的作品啊！"艺术创作成功带来的喜悦使他非常高兴，不到天亮，他就跑去叫醒了他的一位学生来欣赏自己的杰作。

这位学生一看到雕像十分惊奇，眼光渐渐地集中在了雕像的那双重叠在一起的手上。

"好啊！"他叫了起来，"好极了，老师，我可从来没有见过这样一双奇妙的手啊！"

站在一旁细心观察学生反应的罗丹听了这样的赞美时，脸上的笑容却消失了，他又匆匆拉来另一位学生。

这位学生同样为雕像的双手所吸引，赞不绝口。

"老师，只有上帝才能创造这双手。简直像活的一样！"

罗丹心烦意乱地又拉来第三个人。

"那双手！那双手！"新来的学生惊呼道，"老师，如果你不再创作别的，单凭这双手也就足以使你永垂青史了。"

哪知此时的罗丹却被某种奇异的感情驱动，变得仓皇失措，不安地在工作室内乱走。突然，他走到屋子的一角，抢起一把大斧，发疯似的向雕像冲去。三个学生阻挡不及，那双"举世无双的完美的手"一下子被罗丹用斧子劈了下来。

当他转过身来时，三个惊呆了的学生见他眼里冒着火。

"傻子们！这双手太突出了！它们已经有了自己的生命，它们已不属于这个雕像的整体了，所以我不得不把它砍掉。"罗丹沉思了一会儿又强调说，"记着，而且好好地记着：一件真正完美的艺术品，没有任何一部分是比整体更加重要的。"

辩证法告诉我们在整体与部分之间，虽然不了解部分就不能清晰地了解整体，但如果不从整体来看待部分，就会犯只见部分不见整体的形而上学的错误。

自我与非我

费希特（1762～1814年），德国唯心主义哲学家，耶拿、柏林大学教授。在哲学上，费希特曾是康德的学生，信奉康德主义，后来转向批判康德学说中的唯物主义，否定"自在之物"的存在，费希特认为唯一的实在是"自我"。

费希特在哲学上曾提出过三个命题，即"自我设定自身""自我设定非我""自我设定自身和非我"。这些命题体现了费希特的主观唯心主义和辩证法，是很重要的哲学思想。

费希特这三个命题力图强调主体的能动作用，他认为"自我意识"是一个能动的创造性的主体，"自我"就是不断地创造世界和使自身丰富起来的创造活动。马克思、恩格斯曾指出，费希特的"自我"不是别的，而是"形而上学地改了装的、脱离自然的精神。"

有趣的是，费希特提出这三个命题以后，当时许多人并不理解，甚至予以歪曲解释。他们以为费希特说"自我"就是说费希特自己，而这个个别自我又否定其他一切存在。于是有人出来指责费希特说，你这个人竟不相信我们存在，我们要比你胖得多，而且我们是市长和书记官，还是你的上司呢。有些女士也出来说，费希特总是强调自我，那么费希特的太太怎么办？难道就不管了吗？

面对这些非难、指责，费希特有口难辩、哭笑不得，他心里在说："老爷们、太太们，我说的'自我'不是说我自己，而是代表一种意识啊！"

感性认识和理性认识相互渗透

感性认识和理性认识的辩证统一，不仅表现为理性认识依赖于感性认识、感性认识有待于发展为理性认识，而且表现为二者的相互渗透，即：感性认识中也渗透着理性认识，理性认识中也渗透着感性认识。

一方面，感性认识中渗透着理性认识，不存在脱离理性认识的"纯粹"感性认识。

一天，俄国地质学家瓦尔霍夫到画家丘罗夫家中做客，见到一幅野外写生画，画面上的奇特景色立即引起了他的注意：光秃秃的圆锥形的山峰临湖耸立，山顶呈白色的；但山脚与湖面却闪着蓝色，湖面上飘荡着团团的雾气；而山石在远眺时又呈现出红色。

地质学家心里犯疑，沉思了好一阵儿，然后问："这幅画的景色是真的吗？"画家答："这是长顿山脉附近的实地写生画。"

画家进一步解释这幅画的来历："传说这个地方似乎有什么魔鬼，无人敢去涉足。我出于好奇，那天便冒险走入这个危险区。果真还没有走到湖边就恶心难忍，流涎不止。湖边寸草不生，更无鸟叫虫鸣。在胸闷头晕几乎窒息的情况下，我草草画了这幅画。"

听了画家的话，地质学家以他特有的眼光又仔细地审视了这幅画，最后产生了一个设想：那红色的山石可能是硫化汞矿石，高热下它可以分解为硫和水银汞，山脚下的湖可能是一个水银湖，那湖上荡漾的蓝色雾气可能是剧毒的水银蒸气。

为了证实自己的判断，他戴着防毒面具，和助手亲临实地考察。果然，一切都如原来设想的一样，危险区的谜终于揭开了：这里没有魔鬼，有的却是一个罕见的水银湖！这是地质史上的一个重大发现！

读完这个"慧眼识'汞'"的故事后，你可能会想：这幅画不止地质学家一个人看过，为什么只有他才能从画中做出重大的地质发现呢？

俗话说得好："仁者见仁，智者见智。"当人们从事观察活动的时候，实际上都自觉或不自觉地戴上一副由不同的理性知识"制作"的"眼镜"，总是要渗透一定的理性因素的。

地质学家是从地质学的角度来观察这幅写生画的，在观览、欣赏奇特的写生画中的景色时，渗透着奇特景象与地质结构的相互关系的理性认识，因而才在这幅写生画中观察出画外的"汞"。

没有地质学理论知识的人，是很难从这幅画中观察出画外之"汞"的，说不定还会责怪画家为什么不去画郁郁葱葱的大好风光而画这个荒凉的不毛之地呢。

同样道理，乌云密布，在诗人的眼里是"黑云压城城欲摧"，在气象学家眼里，则是星云的形状、厚度、未来天气的变化；赤橙黄绿青蓝紫的光，在牛顿的眼里是粒子，在惠更斯的眼里是波。

由此可见，人和动物不同，在感知某一具体事物时，大脑并不是一张白纸，总是带有在以往实践中形成的理性认识；人的感觉是被理性认识增强或削弱了的感觉，同时又是借助理性认识表现的感觉。

从感性认识的角度来考察，二者是相互渗透的。从理性认识的角度来考察，又是怎样呢？

这就是另一方面，理性认识中渗透着感性认识，不存在脱离感性认识的"纯粹"理性认识。

在理性思维的过程中，交织着感性形象的再现；借助于感性形象的影响，理性思维则更为活跃和贯通。

一枚邮票与巴拿马运河

巴拿马运河是世界上最著名的运河之一，它沟通了太平洋和大西洋，使美国东西海岸之间的航程比绕行南美合恩角缩短了 14800 公里。也使欧洲至亚洲东部或澳大利亚的路程缩短了 3200 公里。不过谁也想不到它的诞生却和一枚邮票关系极大。

20 世纪初，由于美国的国际贸易日益扩大，美国国会决定拨款在尼加拉瓜开凿一条沟通两大洋的水道。1902 年春，就在国会议员表决批准这一工程前，一位名叫菲利普·比洛·瓦列拉的法国工程师使美国政府改变了已经拟订的计划。

原来，早在 1880 年，一家法国公司就在巴拿马承包建造了一条横跨两大洋的水道。最后，由于经费和管理不善等原因，放弃了这项工程。作为工程师的比洛·瓦列拉当时一直想说服美国接手巴拿马运河的开发权。

要说服美国国会改变原计划谈何容易。哪知正在此时，加勒比海的一座大火山剧烈地爆发，火山隆隆的爆发声把整个加勒比海地区搅得鸡犬不宁。尼加拉瓜一片混乱，但在此之前，尼加拉瓜的政府曾向美国政府保证当地的火山全是死火山。

比诺·瓦列拉成功利用了这场自然灾害提供的机会。他记得尼加拉瓜发行了一种印有摩摩通博火山的邮票。摩摩通博是尼加拉瓜一座著名的火山，并且在拟议运河的路线旁。摩摩通博据说是死火山，但邮票上的却像活火山似的冒出一缕烟，环绕着山顶。他匆匆跑遍了华盛顿，设法找到了 90 枚这种邮票，送给将要参加运河投票的美国国会议员们。第二天早晨，每一位国会议员的桌子上都出现了一个信封，里面有一枚邮票和比诺·瓦列拉的亲笔附言："尼加拉瓜火山活动的官方见证。"

议员们在仔细审视了邮票，慎重考虑后，完全改变了以前的主意。几天后进行表决时，人们发现议员们放弃了尼加拉瓜路线，而投票赞成接手巴拿马尚未过期的法国合同。

一条世界著名的水道——巴拿马运河就这样诞生了。

一枚邮票与运河，乍一看，风马牛不相及，但是它们却通过火山联系在了一起。世界上的事物、现象之间的联系很多也像这样，它们总是通过一些中间环节最后联系在一起，因此，事物、现象之间相互联系的形式和性质就表现出多种多样。从不同角度看，通常有直接联系和间接联系、本质联系和非本质联系、必然联系和偶然联系、内部联系和外部联系，等等。在上面的故事中，火山与巴拿马运河的开发是直接联系，一枚邮票与运河的开发则是间接联系。而本质联系和非本质联系我们可以从上面的故事中看到。

天下万物由矛盾构成

公元前 516 年的一天，老子离开东周图书管理员的岗位，骑着一头青牛，一路优哉游哉地向西北方向走去。当他来到函谷关时，被守关的官吏拦住了，问明情况后，官吏对他说："你要隐居了，能否把你的学说留下来呢？"

老子略加思索后答应了对方的要求，在函谷关下写出了一本名叫《道德经》的书。写完后，骑着青牛离开函谷关，继续向前走。

5000 余字的《道德经》，里面讲了很多辩证法的道理。2000 多年前，人们认识自然和事物的发展规律还有很大的局限性，而《道德经》中的辩证法，足以说明老子的智慧要远远高于同时代的其他人。这部经典中的辩证法，不仅在中国，就是在世界上，也是最早提出的。

在老子的思想体系中，自然界中的万事万物都是由矛盾构成的。为了证明自己的观点，他列举了很多社会现象和自然现象。例如，攻和守、胜和败、进和退、有和无、生和死、智和愚、美和丑、大和小、强和弱、损和益、高和下、祸和福、刚和柔、难和易、巧和拙、前和后、荣和辱等。老子曾说过，世间没有丑，就显示不出美的存在；世间没有美，就显示不出丑的存在。懂得什么是好，才明白什么是坏；有坏作为参照，才能显示出好的存在。如果没有长，就无法比较出短；如果没有短，就无法比较出长。

老子认为，矛盾体不是固定不变的，二者之间可以相互转化。他曾讲过"祸兮福之所倚，福兮祸之所伏"这样的名言，意思是，当灾祸出现时，幸福就紧紧靠在它旁边；当幸福出现时，灾祸就隐伏在它旁边。表面上看，灾祸和幸福是对立面，而实际上二者可以相互转化，灾祸可以带来幸福，幸福也可以转化成灾祸。

老子还说过许多富含哲理的话，例如，"合抱之木，生于毫末；九层之台，起于累土；千里之行，始于足下。"这句话的意思是，任何事物只有日积月累才能发生变化，参天大树不可能一天长成，九层的高台是由一筐土一筐土堆垒而成，1000 里的路程是一步一步走出来的。又如，"天下难事，必作于易；天下大事，必作于细。"意思是，想要完成困难的事情，先从容易的地方入手；要想做成大事，必须从细小的事情做起。针对当时的社会状况，他看出统治阶级要想维护自己的统治，靠强暴的手段是根本行不通的，说出"强梁者不得其死（强暴的人不得好死）"。他还告诫统治阶级，说："民不畏死，奈何以死惧之（老百姓不怕死，为什么还要用死来威胁他们呢?）"

天人交相胜

战国末年著名的唯物主义哲学家荀子写过一篇《天论》。到了唐朝末年，又出现了另一篇《天论》，作者是当时有名的文学家、唯物主义哲学家刘禹锡。

刘禹锡在《天论》中提出了"天人交相胜"的说法，意思是，天能做的，是生殖万物；人能做的，是治理万物。人是一定要胜过天的，因为天是没有意志的，而人类智慧最大，能利用自然对人有利的条件。他明确地指出自然界和人类社会的不同，强调人类必须利用和改造自然，而且一定能够战胜自然，这个见解确实是超过了他的前辈，至今对我们也是很有教益的。

刘禹锡还用"操舟驾船"的道理，生动地破除"生死有命""天能赏罚"的迷信。

有人问："我看见两只船在河中并行，风力、水势都一样，一只船沉了，另一只却安然无事，那沉船不是由于天的惩罚吗？"

刘禹锡解释说，船在水里行驶，一定有客观规律存在（他把规律叫作"数"）。这规律决定了船沉不沉。船沉了，或者是装的东西太多，或者是操作不得法，并不是什么天的意志决定的。

"那么，古人为什么还要讲天命呢？"又有人问。

刘禹锡回答："你知道驾船吗？船在河中行驶，是快是慢由人决定，想停就停，想走就走。河的水势不大，狂风怒号掀不起波涛，河里的漩涡也成不了大浪。有时候，船走得又快又稳，有时候搁浅甚至翻船，谁都知道是驶船人的缘故，船上的人没有说这是天意的。为什么呢？因为事情发生的道理，明明白白摆在那儿。但船在大海中行驶，就不同了，快、慢、停、走都不好掌握。吹动树枝的小风，能掀起遮天盖日的大浪，车篷大的云彩也弄得天空变幻莫测。船平安渡过，是天意；不幸沉没，也是天意；临近危险，侥幸逃过，也是天意，船上的人没有说是人为的。为什么呢？因为人们不了解事情发生的道理。"

刘禹锡在这里明确地指出了人们信不信天命的一个重要原因，就在于能不能认识事物运动的规律；明白道理就不会相信天命，不明白就非信不可。

刘禹锡对空间的认识也很卓越。辩证唯物主义认为，空间、时间是物质存在的形式，宇宙间没有什么不存在物质的地方。刘禹锡在1100多年前就指出，"空"并不是没有形体，而是形体非常细微的东西，虽然人的眼睛看不见，也是客观存在的，是能够用理智去考察的。它本身好像无形，可是依靠其他东西就显出形来。房屋的空间有房屋之形，器皿的空间有器皿之形。天地间没有什么无形的东西，有的是没有一定形状的东西。这真是对空间的物质性的绝妙说明！

"二童辩日"说明的问题

要正确地把握事物的本质，必须善于在丰富的感性认识的基础上经过"去粗取精、去伪存真、由此及彼、由表及里"的整理加工、升华改造。否则，就会出现"不识庐山真面目"的情况。

"感觉到了的东西，我们不能立刻理解它，只有理解了的东西才能更深刻地感觉它。"为了实现成功地指导实践的认识目的，感性认识有待于发展为理性认识，由感性认识深化、上升为理性认识势在必行。这就是认识论中的辩证法。

《列子》中有一个这样的故事：

有一次孔子带领弟子们到东方去游历，路上碰到两个小男孩：一个长得胖乎乎的，一个瘦瘦的。两人你一言我一语，争论得不可开交。

孔子走上前去问道："你们在争论什么？"胖孩子说："我认为早晨太阳刚升起的时候离人近，到了中午的时候离人远。他却偏说早晨太阳刚升起时离人远，到了中午的时候离人近。"瘦孩子马上不服气地嚷道："你说得就是不对，我说得对！"孔子说："莫吵，莫吵，你们各自说说道理。"

胖孩子说："太阳刚升起的时候大得像一个车盖，到了中午的时候就变得像个盘子那么小了，这不是因为距离近就显得大，距离远就显得小吗？"瘦孩子立刻反驳说："太阳刚升起的时候显得凉爽温和，一到中午就热得人像浸在热水里似的，难道不是因为距离近才使人觉得热，距离远才使人觉得凉爽吗？"

接着，两个小孩一起指着孔子的胡须说："你这么大年纪了，比我们懂得事情多。请你说说，我们两个谁说得对！"孔子一时间愣住了，做不出判断。两个小孩一起笑着对孔子说道："嘻！你这老头儿也答不上来，难为你还是个知识渊博的人呢！"

"二童辩日"故事中的胖孩子通过眼睛获得的关于太阳的形状大小及早晨、正午变化的认识，瘦孩子通过皮肤获得的关于太阳的温度高低及早晨、正午变化的认识，都形象、具体，属于感性认识。

二童各执一由、争论不休，谁也说服不了谁，就在于胖孩子仅凭视觉、瘦孩子仅凭触觉，都只是认识到了事物的现象。

博学多才的孔子，面对二童的辩日之说，不能裁决、无法判定，就在于未能透过事物的现象把握事物的本质，就在于未能从感性认识上升到理性认识。

田忌赛马

每当齐威王处理完国家大事，经常和田氏家族的各位公子们比赛骑马射箭，以为乐趣。大将田忌与齐威王及诸公子赛马，押上重金赌输赢。由于马力不足，屡次赌输，总是乘兴而去，败兴而归。

刚从魏国逃回来的孙膑便安慰他说："如此小事，不必挂心。有机会请带我去看看，或许能设法赢回您的赌金。"

田忌听了，半信半疑。

又到了赛马的时候，孙膑跟随田忌来到赛马场，观看了当天的比赛，才完全了解其中的详情。原来，他们各家按马跑的速度，把马分成上、中、下三等，依次三比二胜。孙膑看到，田忌的上等马跑不过公子们的上等马，中等马跑不过公子们的中等马，下等马也跑不过公子们的下等马，所以总是失败。但是，孙膑也看到，田忌的马与公子们的马，足力相差不大，速度也慢不了多少。只要谋略得当，是完全可以稳操胜券的。

回到府中，孙膑就对田忌说："您下次再跟他们比赛，尽管押上大赌注，我有办法包您取胜。"

田忌听了非常高兴，笑着说："先生果能使我取胜，我就出面请齐王，赌千金和他决赛。"

孙膑满口答应。

田忌要求和齐威王赛马的消息，很快传遍了全城。到了比赛的这一天，赛马场上，旌旗招展，战马嘶鸣。满朝文武都到了，几千名老百姓也都赶来了，观看这场君臣下注千金的马赛。

临到比赛场，孙膑对田忌说："请用你的下等马去同齐王的上等马比赛，先输第一场，再用你的上等马去同他的中等马比赛，用你的中等马去同他的下等马比赛，就可赢回两场。三场两胜，这就是我的对策。"

田忌听了万分高兴，依计而行。

第一场比赛开始，只见齐威王的金鞍烈马，如箭离弦，一直冲在最前面。齐威王见此情景，开心地笑起来。

田忌并不气馁，也笑着对齐威王说："输了一场还未见胜败。如果我三场都输了，那时再笑我也不算晚啊！"

又一场比赛开始了。在一片喝彩声中，田忌的马神奇地冲到了前面。田忌在后两场连连取胜，终于赢了齐威王。此时，金鼓齐鸣，全场欢呼，兴味不尽。而齐威王和公子们却目瞪口呆，还蒙在鼓里。

这时，田忌笑着对齐威王解释说。"臣今日获胜，并不是因为马力增强，完全是依靠了孙膑的妙策。"于是把孙膑的对策全盘告诉了齐威王。

齐威王立即转忧为喜，赞叹道："就这么件小事，也足见孙先生的智慧非凡了。"

后来，齐威王确实非常器重孙膑。

这个故事告诉我们，虽然组成一件事的各要素在数量上没有增减，但由于它的各个组成部分在结构上改变了，从而导致事物产生质的变化。这种排列组合的变化也是量变的一种形式。

事物结构变化而引起质变，还表现在事物结构的有效最佳组合，从而使事物自身优势得到最大限度地发挥，内部产生出新的能量，最终可以导致质变。

事物存在和发展的条件

战国时候，楚国郢都有一位叫匠石的人，他使用斧子非常精湛，随心所到，斧子绝不会偏差丝毫。有一天，有位郢都人在自己鼻尖上抹了一层薄薄的白粉，薄得像苍蝇的翅膀一样。他叫来匠石，请匠石用斧子把鼻子上的白粉给劈掉，匠石站在他对面，挥动着一柄锋利的大斧，大吼一声，对准这人的鼻子一阵风似的劈过去。那位郢都人站立在那里纹丝不动，面不改色。白光闪过，薄薄的白粉全部被劈掉，但鼻子却丝毫未伤。

后来，宋国的宋元君听说匠石有这般神奇的技艺，就把匠石召了过去，要匠石现场为他表演一番。匠石听了宋元君的要求，面带难色地说："我确实会使用斧子劈掉鼻子上的白粉，可是那位鼻子上抹粉与我搭档的郢都人已经死去很久了。因此，我现在不能再为你表演啦。"

匠石为什么不能再为宋元君表演鼻上劈粉的绝技呢？这是因为与他配合默契的搭档已不在，如果换一个人，在斧子挥动时不能做到"纹丝不动"，匠石也就无法表演他的绝技。他施展绝技的必要条件之一没有了，因此劈粉绝技也就不能再现于世。

什么是条件呢？在唯物辩证法中是指同某一事物相联系的，并对它的存在和发展产生影响和作用的诸多要素的总和。事物的存在和发展一刻也不能离开条件。离开了条件，一切事物和现象都无法存在。匠石运斧的故事正说明了这个道理。不过，条件又是具体的，各种各样的。例如有：必要条件和非必要（可有可无）条件；决定性的条件和非决定性的条件；有利条件和不利条件；主观条件和客观条件，等等。不同的条件，对于事物的存在和发展所起的作用是各不相同的。

在众多的条件中，我们应当特别注意客观条件与主观条件。对客观条件来说，表现出的最大特点是不可违反，违反了就会吃苦头。下面"傻子埋儿"的故事就说明了这一点。

从前，有一个傻子，他养了 7 个儿子。一天，一个儿子死了，傻子把儿子的尸体放在家里，自己就准备远走他乡。邻人见了责备他说："人死了应赶快装殓，运到远处去埋葬，怎么可以停放在家里，而自己离开家呢？"傻子听了这番话后，心里想："要是不能把死了的人留在家中，而要运出去埋掉的话，那么我就必须再杀一子，以便担子一头放一个，这才好挑到埋葬的地方。"于是，他又杀死了另一个儿子，挑着两个儿子的尸体到远处的山林去埋葬了。

故事中的傻子就是不能正确对待客观条件，自己任意地主观去创造条件，因而，他丧失了另一个儿子。

衣服不能随便做

明朝嘉靖年间，京城内有一位裁缝，由他亲手裁剪缝制的衣裳不仅精工考究，而且长短肥瘦无不合体，因此他在京城内远近闻名。找他做衣裳的人络绎不绝。

一次，御史大夫慕其名，请他为自己做一件进宫廷穿的朝服。裁缝当即为御史大夫量好身腰的尺寸，然后恭敬地问道："请问御史老爷，您做官已有多少年了？"御史大夫一听，觉得很奇怪，于是不高兴地回答说："你量体裁衣就够了，干吗还问这些？"裁缝见御史大夫不高兴，赶快赔着笑脸上前回答道："像老爷一样的大官，初到高职，意高气盛，走路的时候挺胸凸肚，因而裁衣就要后短前长，若是做官时间有了一年，那么意气微平，衣服就应当前后一样的长短。要是当官年久而将要迁退，那么内心悒郁不振，走路时低头弯腰，做的衣服就应当前短后长。所以，我若不问明您做官的年资，如何能为您裁出称心合体的衣服来呢？"御史大夫一听此言，觉得很有道理，于是就告诉了裁缝自己做官的年资。

从表面上看，做官年资与衣服的制作尺寸无关，但它们之间通过做官的人自身情绪和心理状态而联系起来。并且随着时间的推移，衣服尺寸也会随之变化。这位裁缝的成功之处就在于他能看到做官年资与衣服尺寸的联系，具体情况具体分析，根据年资变化来确定衣服尺寸。

具体问题具体分析，这是唯物辩证法一条重要的原则。在我们生活和学习中会遇到大量的问题，也都需要我们遵循这一原则去解决。同时注意发挥自己的特长，克服自己的短处，千万不能学下面故事中的鲁国人。

从前，有一位鲁国人，他擅长编织草鞋，他的妻子擅长织生绢。他们总觉得在鲁国过日子太清苦了，认为到别的诸侯国他们会生活得更好。经过考虑，他们准备迁移到南方的越国去。有人知道了他们的打算，就告诉他们说："你们到越国去，一定会陷于贫穷的困境。"鲁人惊异地问道："那怎么会呢？我们夫妻两人都有一定专长，到哪里都不会受穷挨饿的。"那人笑着回答道："是的，你们夫妻都各有专长。但鞋做出来是为了有人穿，而越国人都赤足行走；生绢织出来是为了做成帽子戴的，而越人却披散着头发，不戴帽子。所以，以你们的长处，用不着的地方去谋生，怎么可能不使自己陷入穷困潦倒的困境呢？"

世事无常，哀乐相伴而生

天道难以抗拒，可命运却是走到极端必有转机；生与死相依，快乐与哀愁相连；无常中有常，虚幻中有现实。中国的智慧中，固然注重人对抗命运的尊严感，但更注重的是在与命运苦难相搏中的大悲和深情。

换句话讲，中国智慧不注重抽象地把握天道，而是把它融为现实人生的必备心态。

关于此，《列子》中有这样的寓言故事：

周国的尹氏是一个大财主。为了经营产业聚敛财富，他终日驱使手下的仆人从早到晚不停地干活。有一个老仆人已被折磨得精疲力竭，尹氏却还是频繁地使唤他。这老仆人白天埋头苦干地从事劳作，到了晚上便疲乏得昏昏而睡。由于精力耗损得太厉害，他一入睡就做梦，天天夜里梦见自己当上国君，统治着一国军民，地位尊贵，大权独揽，口含天宪，耀武扬威。穿的是绫罗锦缎，吃的是山珍海味。臣仆成群，美女如云，宴乐歌舞，为所欲为，享尽了人间的欢乐。然而，一觉醒来，他依然被主人驱使着去干这干那。人们见他过于辛苦劳累，都很同情，纷纷对他进行安慰。这老仆人说："人生在世，不过百年，昼夜各占一半。我白天做仆夫受人驱使，确实是够苦的，可夜里梦中却能当上国君尽情享受。想到这些，我还有什么值得苦恼的呢！"

尹氏管理着偌大家业，终日费尽心思谋算筹划，也累得体倦神疲，心力交瘁，到了晚上实在撑不住，便也昏昏入睡。由于心力耗损得太厉害，他每天夜里都梦见自己给人充当仆役，被人驱赶着不停地干活，时而耕田，时而灌水，时而砍柴，时而清厕。主人稍不如意，轻则呵斥责骂，重则鞭抽棒打。弄得他在睡梦里辗转反侧，夜不成眠，直到天明。

尹氏天天经受噩梦搅扰深感痛苦，便去访问朋友，请教解除的办法。朋友听了他的叙述，答道："你地位尊贵，声名显耀，家资富裕，享乐无尽，远远超过一般人。夜里梦见给人充当仆役，享乐和劳苦互相交换，这是理所当然的。你想在醒时和梦里同样享受欢愉，哪里能够做得到呢！"

尹氏听了朋友这番话以后，便放松了孜孜求利的思虑，减轻了仆夫们的劳役负担，因而他自己也渐渐免除了梦境的折磨。

这则寓言故事虽有其荒诞之处，但它却告诉我们，天命的存在本身就是难以预料的，而一切在人世间的表现也不外是物物相依，哀乐相生，想要做到事事如意快乐，是有悖常理的非分之想，所谓乐极生悲，本是人生的常道。

但凡常人，总是祈求欢乐，执着于欢乐，纵情欢乐而不知有哀，实不知哀乐相生相依，世事苦难甚多，一味放纵欲望之享乐，就如《列子》的寓言所言，不外乎是违背常理的非分之想。

柔弱胜于刚强

物极必反，势强必弱，这是自然现象。但对于世人而言，往往是厌恶柔弱，喜欢刚强，许多时候，我们忽略的，是最为平易的道理。

《说苑·敬慎》中讲述了一个这样的故事：

关于常枞（有人称之为"商容""常从"），后人有说他是商代的神人，有人又说是周代的高士，有人说他著《日月星气》23 篇，可惜已经失传，有人说他只是谙习商礼的一个老人……

虽然言人人殊，但谁也不能否定他的存在。至少，老子曾向他求学问道，且又把这种道传于孔子或子思。

这一年，常枞已说不清自己多大了。白发是雪，白须是霜，霜雪就是年轮。他感冒很重，老是咳和喘。老子用山中的草药煎成冲剂，送给老师。饮了两包药，常枞感觉好了些，让老子将那张狗皮褥子盖着自己的腿，半倚半坐，略加调息。

老子很谨慎。候了一会儿，才小声说："先生的病又重了……难道，就没有学问传授给弟子，让弟子终身受益吗？"

常枞闭着眼，又静了片刻，才说道："你不问，我也要对你说呀！生不带来，死不带走，这一点学问……"他讲到这儿，又停住了。随之睁开眼，问："路过家乡而下车，你懂得这个道理吗？"

老子点头，说："路过家乡而下车，不是表示不忘故土吗？"常枞点点头，说："是呀，是呀！"随之，他又问："路过一株高大的乔木而慢慢趋步，你知道吗？"

老子想了想，说："过乔木而趋步，不是表示尊敬长者吗？"常枞又说："是呀，是呀！"说完这句话，常枞张大嘴，问老子："我的舌头还在吗？"老子看了一眼，不知问此何意，答："在啊！""你再看，我的牙齿还在吗？"老子说："没有了！"

常枞问："舌在齿亡，你知道什么原因吗？"

老子沉思。常枞亦不语。稍停，老子说："舌头在，是否因为舌头柔顺？齿亡，是否在于牙齿刚硬？"

常枞面露笑容，说："是呀，是呀！天下之事，已被你了解完了，我没有话再说了。"

老子默默退下。常枞安然而卧。

在这个故事中，用牙齿与舌头进行对比，说明柔弱胜于刚强的哲理。老子是道家学派的开创者，他的学说，缺少庄子的旷远，但要比庄子深奥和精妙。庄子在学说中力主自然，而老子的学说本身就朴素而归真。

老子学说的重要主张之一，就是前边所讲的柔弱胜刚强。

老子说："事物发展到极壮极盛之地，接下来便是衰弱了。"

老子又说："知道刚强的好处，而宁愿处在雌伏柔弱的地位，这样，才可以作为天下的溪壑，使众流汇注。"

知强而守弱，以柔弱胜刚强，差不多是可以概括为老子的人生哲学的。老子是深知事物的辩证关系的，他主张柔弱，并非追求柔弱本身，柔弱是其手段，刚强生存才是其目的。所谓"守弱就叫刚强"就是这个道理。

有所不为，才能无所不为

事物的转换总是这样，当你什么都想得到时，最终会发现自己并没有得到什么；当有所舍弃和不为时，反而更能贴近自我本性，达到充实的目的。

可能正是由此出发，道家才注重生命精神的修养，主张与万物相合，顺其自然。具体到对待人生上，老子和庄子几乎是一致的，都提出了"无为而无不为"的人生理想。

关于这一点，《列子·黄帝》中曾有一个故事，较为具体地阐述了这一主张。

黄帝即位15年，老百姓都很拥戴他。于是，他开始注意保养性命：口尝珍馐美味，闲来歌舞娱情。然而，过了一段时间，他却变得面孔黑瘦、面容憔悴，头脑昏乱，心情不畅。他担心这样下去，不仅身体保养不好，天下也治理不好，就依然竭尽心智致力于国家管理。又过了15年，黄帝仍然是面黄肌瘦，面容憔悴，头脑昏乱，心情不畅。他不禁感叹说："也许是朕的过失太深重了！只保养身心，出现这样的病患，专心治理国家，这病患仍是没有解除。"于是，他决定摆脱纷繁的政务，离开宽敞的宫廷，免除侍从人员，撤去钟鼓乐舞，减省厨工膳食，搬到一所安静的馆舍闲居。

黄帝在别馆进行斋戒，3个月不过问政事，尽量排除杂念，使心灵进入宁静的境界。一天，他在御榻上打坐，忽然困倦起来，不知不觉昏然入梦。睡梦之中，他恍恍惚惚不知漫游了几千万里，来到一个叫作华胥之国的地方。这个国家没有首领和长官管理，一切都顺其自然；老百姓没有什么嗜好和奢望，自由自在，随心所欲。所有的人不知道生的欢乐，也没有死亡的恐怖，所以无所谓夭折和早逝；不知道格外爱护自己，也不有意疏远别人，所以无所谓亲爱和憎恶；不知道什么叫违背和忤逆，也不懂得有意阿谀和趋奉，所以没有利害之心。总之，他们不珍惜什么，也不畏忌什么。他们沉入水中不会被淹，穿过烈火也不觉热，刀砍鞭打不感到疼痛，指爪抓挠也不觉得刺痒，在空中飞腾就像在地上行走，躺在虚空处就像睡在床上。云雾弥漫阻挡不了他们的视线，雷霆轰鸣扰乱不了他们的听觉，高山深谷阻滞不了他们的脚步，不论美的丑的东西都迷惑不了他们的心灵。他们能够做到这样，全是凭着一种卓越的精神力量。

黄帝醒来之后，顿觉胸臆开豁，心旷神怡，于是把天老、力牧、太山稽等辅佐之臣召到面前说："朕闲居三月，诚心斋戒，洗心涤虑，思索养身治国之道，未有所得。不料今天白天做了一个梦，梦中到了华胥之国，所见所闻，深受启发，看来养身治国之道也不可强求。如今我了解了其中奥妙，掌握了其中真谛，然而只可意会不可言传，我还无法告诉你们。但是，希望你们一如既往地尽心辅佐我。"于是黄帝开始用顺应自然、顺应人性的办法治理国家。28 年之后，他把国家治理得就像华胥国一样。黄帝逝世之后，老百姓都感念他的恩德，万分悲痛，直到 200 多年之后依然对他念念不忘。

这寓言故事讲的是，当沉溺于修养心性，或操心于治理国家时，有所期望和作为，反而会带来损害。当顺应人的自然本性，与自然浑然一体，看似什么也没做，却是无所不为，天下达到大治。

"无为而无不为"并不是一味消极退避自然。实际上，体现了物物之间的一种微妙的辩证关系。当你放弃了自我以外的一切之后，进入无为之境，不被一切外物所拖累，那时，心灵自然就拥有一切：不是单单拥有某一类物，亦不为某一单一的欲望所限，而是与所有万物相联系和合二为一，即所谓万物皆备于我。

第三章
观点：时间能证明对与错的博弈

　　哲学家是世界上富有智慧的人。这里的"智慧"，远远高于普通人所认知的"智慧"，他们的思考非常人所理解，这些人在哲学的道路上，用智慧构建自己的观点，并以此影响他人或改变他人。当然，这些观点中有真理也有谬论，就像有天使沉冤地狱，也就有魔鬼浪迹天堂一样，影响着人类的行为和认识。

一切是一

克塞诺芬妮（约公元前565～公元前473年），古希腊埃利亚学派的第一个代表人物，是科罗封人。克塞诺芬妮是古希腊哲学家中第一个主张"一神论"的代表人物。

克塞诺芬妮有着坎坷的经历，生活贫苦。他出生在小亚细亚的科罗封，后来由于避难，逃往西西里，过着到处流浪的生涯。后来他学会了弹唱诗歌，把在各地的见闻，编成词曲拿来歌唱。旅途中每遇到人家宴会赛神，他就献技，挣点微薄的钱。由于他生活贫穷，孩子死了以后，没有资力去埋葬，只得亲手去处置。

克塞诺芬妮虽然过着终年漂泊不定的生活，但是却有着非常广博的见识。在他的词曲里，反映着各地的风俗人情，山川水土，叙述中暗含着讽刺。他针对当时的权威荷马和赫西俄德，大胆地批评他们的神话诗，反驳了他们那种拟人的、多神的宗教观。他说："假如牛马有手能画，它们所画的神也一定像一头牛一匹马。"他认为人类以自己的性格来拟神、拟天，这是莫大的错误。

克塞诺芬妮在哲学上定义绝对本质为"一"，说"一切是一"，又把"一"称为神。这个神深植于一切事物内，它是超感官的，不变的，无始无终的，是不动的。他说："神永远保持在同一个地方，根本不动，一会儿在这里一会儿在那里动来动去对他是不相宜的。""神可以毫不费力地以他的心思左右一切，他能看见一切，思维一切，听闻一切。"这里，克塞诺芬妮用"一切是一"来说明大自然，认为大自然里有统一性，认为整个宇宙就是神，形形色色的事物就是现象，这是比前人进步的。他在纷繁复杂的宇宙中，见到统一性，是一个了不起的发现。

有趣的是，克塞诺芬妮还告诉人们说："至于诸神的真相，以及我所讲的一切事物的真相，是从来没有、也绝不会有人知道的。即便他偶然说出了最完备的真理，他自己也还是不知道果真如此。各人可以有各人的猜想。还是把它看成或然的吧！"在这种思想指导下，克塞诺芬妮认为宇宙万物是自然而然地演变出来的，人们使用的农具、火具等日用品，都是人类的制作，是智力发达的结果。

"多"是虚幻的

芝诺（约公元前490～公元前425年），古希腊埃利亚人，唯心主义哲学家。芝诺是巴门尼德的学生，他聪明好学，肯于钻研，因此老师很喜欢他。后来，巴门尼德收芝诺为义子，俩人感情极深。自从芝诺的老师提出"存在"是"一"，"存在者不动，也不变""一切是一"以后，当时有许多人都认为这些命题很可笑，他们反对这些命题，甚至针锋相对地提出"存在"是"多"，而不是"一"。芝诺看到老师的命题被嘲笑，很气愤，他站出来和那些人辩论，说"多"是虚幻的，只有"一"是真实存在的。芝诺做了论证，捍卫了老师巴门尼德和整个埃利亚学派的思想。

芝诺从"凡是有矛盾的命题都是假的"这个原则出发，首先提出，"存在"是"一"这个命题没有矛盾，因为"一"不可分割，它没有部分的"一"，没有大小之分，因此，这个命题是能够成立的，是真实的。反之，说"存在"是"多"就不同了，这个命题本身有矛盾。芝诺说："如果存在是多，它就必须每一个部分都有一定的大小和厚度，而且与别的部分有一定的距离。对于处在这一部分前面的那个部分，也可以说这样的话。那个部分自然也会有大小，也会有另外一个部分在它前面。这个同样的道理是永远可以说的。同一存在的任何一个这样的部分都不会是最外面的边界，绝不会有一个部分没有其他部分与其相对。如果存在为多，那么它必然同时既是小的又是大的：小会小到没有，大会大到无穷。"

在芝诺看来，如果承认存在是"多"，那就不可避免地要回答，这个"多"究竟是大，还是小？这就出现了大和小的矛盾，即既是"大"，又是"小"，这样，存在是"多"就成了有矛盾的命题，因此，它是不能成立的。

接着，芝诺又反驳说："如果事物是多数的，那就必须与实际存在的事物正好相等，既不多也不少。可是如果有像这样多的事物，事物在数目上就是有限的了。如果有多，存在物在数目上就是无穷的。因为在各个个别事物之间永远有一些别的事物，而在这些事物之间又有别的事物。这样一来，存在物就是无穷的了。"芝诺的意思是说，如果你说存在是"多"，那么你必须说它是有限的，还是无限的。说它既有限又无限，这就是矛盾的了，因而，说存在是"多"是错误的，是虚幻的。

芝诺在揭露矛盾的时候，利用了无限分割的方法，认为只要承认存在是"多"，就可以把"多"无限分割，最后分割为"零"，而最后也就没有了存在。这样，说存在是"多"，就更站不住脚了。

芝诺努力捍卫埃利亚学派"存在是一"的思想，利用了揭露矛盾的办法，在当时看来，是雄辩有力的。他在反对多元论，主张一元论上花费了很大气力，他提出了关于矛盾的问题，是个重要的思想，是值得后人赞赏的。

阿基里斯与乌龟赛跑

阿基里斯与乌龟赛跑，是芝诺用来捍卫埃利亚学派思想，为"存在"是"一"，它是"不动不变"的命题辩护的又一个论证。这个论证，在今天看来，是很可笑的，但是要反驳它，还需仔细琢磨，认真思考，需要掌握哲学科学理论知识才行。

阿基里斯被希腊人认为是善跑的英雄，他跑得很快。但芝诺却说，虽然阿基里斯善跑，如果他和乌龟比赛，先让乌龟跑出去，然后阿基里斯再去追，无论他跑得多么快，也追不上乌龟的。他提出让乌龟在阿基里斯前面 1000 米处开始，和阿基里斯赛跑，并且假定阿基里斯的速度是乌龟的 10 倍。当比赛开始后，若阿基里斯跑了 1000 米，设所用的时间为 t，此时乌龟便领先他 100 米；当阿基里斯跑完下一个 100 米时，他所用的时间为 t/10，乌龟仍然领先他 10 米；当阿基里斯跑完下一个 100 米时，他所用的时间为 t/100，乌龟仍然领先他 1 米……芝诺认为，阿基里斯能够继续逼近乌龟，但绝不可能追上它。

芝诺列举的阿基里斯和乌龟赛跑的例子，是在否定存在是"多"的基础上，进一步证明存在"不动亦不变"。芝诺认为，动与变是相关的，只要证明不动，也就能证明不变，不动就是不变。所以芝诺提出，善跑的阿基里斯与乌龟赛跑，假如让乌龟先跑出去，那么阿基里斯就始终追不上乌龟。芝诺证明的论点是：假如要到达某处，必须经过距离的一半，未达到这一半以前，必须先达到这一半的一半，而这一半的一半又有其半，如此推下去，半点也动不了。由于乌龟先跑了一步，阿基里斯要赶上它，必须先到达乌龟所到达的那一点，而这时乌龟又前进了一点，又须再赶上去，再经过乌龟前进的那一点，而此时乌龟又前进了。长此下去，乌龟总是领先一点，阿基里斯始终追不上。

我们看到，芝诺在这里把运动假定为在空间可以无穷分割的点，承认了运动的间断性。但他还未认识到运动的物体是既在这个点上，又不在这个点上，而是不断前进的。运动着的物体不可能达不到目的地而停留在无穷可分的1/2的点上，还要看到运动的连续性。

尽管如此，芝诺提出阿基里斯与乌龟赛跑的论证，对人们还是有启发的，这就是芝诺看到了时间空间概念里的确含有这种矛盾性。这个论证不免可笑，但它却是可以引人深思的。

逻各斯

赫拉克利特的哲学以晦涩出名，他常常提出许多古怪的新思想，使人们目瞪口呆，但更使希腊人大吃一惊的是，他说他发现了逻各斯。

逻各斯是赫拉克利特在一次给希腊人讲学中讲出来的。他告诉人们说，有一种东西，人人都共有，它虽然每天都生活在人们的身边，但大多数人却不认识它，不理解它，充耳不闻，视而不见，这个东西就是逻各斯。

人们不明白赫拉克利特说的逻各斯是什么，纷纷要求他解释。他说："这个'逻各斯'是永恒存在的，逻各斯虽然永恒地存在，但是人们在听说它之前，或者甚至在初次听见人说到它之后，都不能了解它。虽然万物都依据这个逻各斯而产生，但是我们在分析每一事物的本性并表明其实质时所说的那些话语和事实，人们在体会时却显得毫无经验。另外一些人则不知道他们清醒时所做的事，就像他们忘记了在睡梦中所做的事一样。"他又说："因此应当遵从那人人共有的东西。可是逻各斯虽然是人人共有的，多数人却不加理会地生活着，好像他们有一种独特的智慧似的。"赫拉克利特的这些话，是表示大家不能理解逻各斯，这虽然是正常的，却也是很遗憾的，因为人们还没有这种能力。那么，这个逻各斯究竟是什么呢？他继续说，"世界是一团永远燃烧的永恒的活火，由于火的变化，产生了世界万物。由火变成水和土，这是火沿着向下的道路走着，再由水和土变成火，是火沿着向上的道路走着。一切事物都转换成火，火也转换成一切事物，正如货物换成黄金，黄金换成货物一样。火所走的道路，火的变化，也就是我要说的'逻各斯'。"赫拉克利特还说，"逻各斯是灵魂所固有的，它自行增长，这就是说它生活在大家之中，就看大家有没有认识、掌握、运用它的这种能力了。"

我们看到，赫拉克利特所发现的"逻各斯"，按照今天的话说，他发现了自然界不断变化是按照自然规律进行的，而人们是能够认识自然规律的。赫拉克利特常说自然喜欢躲藏起来，是希望人们去认识自然规律，而认识、掌握、运用这个规律，人们是有能力的，从这个意义上说，逻各斯也就是人人共有的思维能力，就看人们运用不运用了。难怪赫拉克利特还号召人们："如果要想理智地说话，就应当用这个人人共有的东西武装起来，就像一座城市用法律武装起来一样，而且还要武装得更强固些。"

赫拉克利特最早将这个概念引入哲学，在他的著作残篇中，这个词也具有上述多种含义，但他主要是用来说明万物的生灭变化具有一定的尺度，虽然它变幻无常，但人们能够把握它。在这个意义上，逻各斯是西方哲学史上最早提出的关于规律性的哲学范畴。

鳄鱼悖论

在古希腊哲学史中，还流传着一个著名的"鳄鱼悖论"：

从前，有一条鳄鱼从一位母亲手中抢走了一个小孩。

鳄鱼对小孩的母亲说："你猜我会不会吃掉你的孩子？如果你答对了，我就把孩子不加伤害地还给你。"

这位可怜的母亲说："我猜你是要吃掉我的孩子的。"

于是，这条鳄鱼准备吃掉孩子，可是突然发现自己碰到了难题。如果吃掉这个孩子，那这位母亲就猜对了，就应该把孩子还给她。可是，如果把孩子还给她，那么她就猜错了，就应该吃掉孩子。最后，这条鳄鱼蒙了，只好把孩子交还给了母亲。

事实上，无论鳄鱼怎么做，都必定与它说的相矛盾。它陷入了逻辑悖论之中，没有办法不违背它的承诺而从中摆脱出来。反之，如果这位母亲说："你将要把孩子交还给我。"那么，鳄鱼无论怎么做都是对的了。如果鳄鱼交回小孩，母亲就说对了，鳄鱼也遵守了诺言。如果鳄鱼吃掉小孩，母亲猜错了，鳄鱼就可以吃掉小孩而不违背承诺。

奥卡姆剃刀

1285 年，威廉出生在英国一个叫奥卡姆的小村庄，后世的人们都称他为奥卡姆的威廉或者威廉·奥卡姆。奥卡姆早年就读于牛津大学，成绩优异，完成了获得神学博士学位必需的所有课程，但由于在思想上与基督教正统教义相冲突，因而终身没能获得博士学位。后来，奥卡姆成了著名的教士和神学家。由于他在辩论中的机智和敏捷，因而获得了"不可战胜的博士"的光荣称号。

1322 年前后，奥卡姆陆续发表了一系列论文反对教皇专权，主张教权与王权分离，教会只应掌管宗教事务，关心"灵魂拯救"，不应干预世俗政权。于是，奥卡姆被教皇宣称为"异端"。1324 年，奥卡姆被恼羞成怒的教皇拘捕，关进了教会监狱。次年年底，教会组织了6 个神学家专门研究了他的著作，结果有 51 篇论文被判为"异端邪说"。

1328 年，奥卡姆在一天深夜逃出了监狱。同年 6 月 6 日，罗马教皇革除了他的教籍，下令通缉捉拿。奥卡姆逃往了意大利比萨城，投靠了教皇的死敌——当时的德国皇帝路德维希。他对皇帝说："你用剑来保护我，我用笔来保护你。"从此，奥卡姆公开与罗马教廷断绝了关系，定居在慕尼黑。在德皇的庇护下，奥卡姆展开了对教会和阿奎那正统经院哲学的口诛笔伐，还写下了许多维护王权的文章。可是，20 年后，路德维希皇帝去世了，奥卡姆再次遭到教廷传讯。但是，教廷还未来得及给奥卡姆定罪，一场黑死病就在整个欧洲蔓延开了，奥卡姆也没能幸免于难。

虽然奥卡姆著述颇丰，但是随着时间的推移，这些著作几乎都被人们慢慢遗忘了。可是，他的一句格言却历久弥新，至今仍享有盛誉。这句格言很简单："如无必要，勿增实体。"它的意思是：如果不能得到确实的证据，不要提出不必要的概念；一个个实际存在的东西才是可靠的，空洞的概念往往是无用的累赘。奥卡姆的格言就是要把理论中多余的、不必要的术语和废话全部"剃掉"，所以被人们称为"奥卡姆剃刀"。这句话是针对神学研究中烦琐、玄虚的风气而说的，当时的神学家们喜欢故作高深，生造概念，把问题搞得非常复杂。奥卡姆根据"奥卡姆剃刀"证明了许多结论，其中包括"通过思辨不能得出上帝存在"的结论，这是他被教会迫害的重要原因。

"奥卡姆剃刀"提出以后，受到了科学家的广泛重视。几百年来，无数科学家用这把"剃刀"磨砺科学理论和科学思维，取得一个接一个的成果。

对于奥卡姆的"剃刀"，牛顿是这样运用的："如果某一原因既真又足以解释自然事物的特性，我们就不应当接受比这更多的原因。"马赫把"奥卡姆剃刀"改造为"经济原理"："科学家应该使用最简单的手段达到他们的结论，并排除一切不能被认识到的事物。"在《时间简史》中，霍金说："最好是采用称为奥卡姆剃刀的原理，将理论中不能被观测到的所有特征都割除掉。"科学家对简单性原则的重视甚至过了头，以至于爱因斯坦提出不能盲目运用"奥卡姆剃刀"："万事万物应该尽量简单，而不是更简单。"

康德的梦

有一次，康德做了一个奇怪的梦。

在梦中，他独自划船漂到了南非一个荒芜的岛上，他在海上远远就看见那岛上有两根高耸入云的石柱，于是想凑近去看个究竟，谁知道刚一靠岸就被岛民给抓住了。没等他开口，岛民的首领就告诉康德：如果说的是真话，就要被拉到真话神柱前处死，如果说的是假话，就要被拉到假话神柱前被处死。反正是死路一条了。

康德想了一想，说："我一定会被拉到假话神柱前被处死！"

如果康德说的是真话，他应该在真话神柱前被处死，可按照他的话又应该在假话神柱前被处死。反之，如果康德说的是假话，他应该在假话神柱前被处死，可按照他的话又应该在真话神柱前被处死。于是，岛民们傻眼了。他们犹豫了很久，最后不得不把康德给放了。

岛民们要杀康德，完全还可以再立一根石柱，专门杀说悖谬话的人，或者说杀真假难定话的人。实际上，在现实中，很多话很难简单地说它是真话还是假话。非真即假的思维方式是非常幼稚的。康德的梦至少说明了人类的理性并不是清晰明确的，在很多时候会陷入自相矛盾的陷阱。据说，康德醒来后受到启发，写出了《纯粹理性批判》中关于"人类理性二律悖反"的章节，指出了人类的理性并不可靠。

罗素悖论

1874 年，德国数学家康托尔创立了集合论，并很快渗透到数学的大部分分支中，成为数学最重要的基础理论之一。1902 年，英国数学家、哲学家罗素提出了一个悖论对集合论进行质疑，这个悖论就是著名的"罗素悖论"。

康托尔给集合下的定义是：把一定的并且可以明确识别的东西（直观的对象或思维的对象）放在一起，叫作集合。罗素把集合分成两类：集合本身不是集合的元素的集合；集合本身是集合的一个元素的集合。那么，任何一个集合，不属于第一类集合，便属于第二类集合，二者必居其一。

接着，罗素进一步提问：把所有本身不是它的元素的那些集合汇总起来，组成一个集合 Q，那么 Q 属于哪一类集合呢？显然，可以看出 Q 不属于上述任何一类集合，因为：

（1）假若 Q 是第一类集合。按 Q 的定义，显然有 $Q \in Q$，但这又成了第二类集合。

（2）若 Q 是第二类集合，自然有 $Q \in Q$，但根据集合 Q 的定义，它的元素都是第一类集合，所以 Q 又成了第一类集合。

罗素悖论有一种通俗的版本，即广为流传的"理发师悖论"：

萨维尔村理发师挂出了一块招牌："村里所有不自己理发的男人都由我给他们理发，我也只给这些人理发。"于是有人问他："您的头发由谁理呢？"理发师顿时哑口无言。

如果他给自己理发，那么他就属于自己给自己理发的那类人。但是，招牌上说明他不给这类人理发，因此他不能给自己理发。如果由另外一个人给他理发，他就是不给自己理发的人。但是，招牌上明明说"他要给所有不自己理发的男人理发"，因此，他应该自己理。由此可见，不管怎样推论，理发师所说的话总是自相矛盾的。

罗素悖论的出现，震动了当时的数学界。当时，有数学家写完集合论的著作正准备出版，得知罗素悖论后，只好推迟了出版计划，并伤心地说："一个科学家所遇到的最不合心意的事，莫过于在他的工作即将结束时，其基础崩溃了。罗素先生的一封信正好把我置于这个境地。"此后，为了克服罗素悖论，数学家们做了大量的研究工作，由此产生了大量新成果，也带来了数学观念的革命。

乌鸦悖论

现代科学的经验基础是实验，也就是说实验是检验科学理论的根本性标准。做几十次或者上百次实验，如果都证明一个结论是正确的，就可以初步认为这个结论是科学的。换句话说，自然科学是通过有限次数的实验来检验命题真伪的。比如说，对"乌鸦都是黑的"这个结论，只能找上若干只乌鸦来验证，不可能把所有的乌鸦都找来验证。退一步讲，就算把所有活着的乌鸦都找来验证，也不能把死了的和没有出生的乌鸦找来验证。

20 世纪 40 年代，德国逻辑家卡尔·古斯塔夫·亨佩尔提出了著名的"乌鸦悖论"来攻击自然科学的这种检验情况。

从逻辑学上看，"乌鸦都是黑的"和"所有非黑的东西都非乌鸦"是相等的，就是说验证了一个就验证了另一个，否定了一个就否定了另一个。那么，按照自然科学的检验方式，就出现了下面的论证：

一只鞋是蓝色的，不是黑的，不是乌鸦；

一朵花是红色的，不是黑的，不是乌鸦；

一根烟囱是灰色的，不是黑的，不是乌鸦；

所以，所有非黑的东西都非乌鸦。

由于"乌鸦都是黑的"和"所有非黑的东西都非乌鸦"，所以乌鸦都是黑的。

实际上，相同的事实也可以证明"乌鸦都是白的"——

一只鞋是蓝色的，不是白的，不是乌鸦；

一朵花是红色的，不是白的，不是乌鸦；

一根烟囱是灰色的，不是白的，不是乌鸦；

所以，所有非白的东西都非乌鸦。

由于"乌鸦都是白的"和"所有非白的东西都非乌鸦"，所以乌鸦都是白的。

显然，这样的证明是非常荒唐的——一只鞋子的颜色怎么能证明乌鸦都是黑的呢？

实际上，乌鸦悖论并不是真正的悖论，而是自然科学检验方式导致的荒谬情形。乌鸦悖论不过是说：一个普遍性的结论不能仅仅通过一些个别的事实来证实。它说明了自然科学的结论即使在逻辑上也并不是像人们想象的那么严密。

举不起的石头

安瑟伦（1033～1109 年），中世纪著名的经院哲学家、神学家，被称为"最后一位教父"和"第一位经院哲学家"。他宣称上帝是全能的，无所不知，无所不能。

当时，有位法国僧侣高尼罗对他的这种观点进行了反驳。在《为愚人辩》中，高尼罗问安瑟伦："上帝能否创造一块他自己举不起的石头？"如果上帝是万能的，就应该能够创造一块这样的石头。但是，如果上帝创造出一块这样的石头，他又举不起这块石头，那他就不是万能的。所以，高尼罗说："或者上帝能创造一块自己举不起来的石头；或者上帝不能创造一块自己举不起来的石头，总之，上帝不是万能的。"

安瑟伦陷入两难困境，无法回答高尼罗的问题，"上帝万能说"因此被动摇了。

论精神文明

德谟克利特是一个伟大的唯物主义者。他对自然界本质的那种大胆而革命的预见，被以后的科学实践证实。在政治上，德谟克利特是古代民主政体的代表，他勇敢坚决地抨击奴隶主的专制主义，他说："在一种民主制度中受贫穷，也比在专制统治下享受所谓的'富足'好，正如自由比受奴役好一样。"他非常关心政治，热爱祖国，他说："一个治理得很好的国家是我们最大的保障。当国家处于健康的状态，一切繁荣；一旦国家腐败，一切都趋于灭亡。"他不主张沉溺于个人悲欢的小天地，而希望人们投身于时代的洪流。

德谟克利特在他的著述中多处谈到幸福和精神文明。他认为，幸福是由灵魂平静、和谐和无畏而产生的内心的满足和愉快状态。这不依靠物质享受、财富或身体快感，因为这是短暂的，会产生痛苦并需要重复。幸福依靠快乐适度和生活和谐，欲念越少，越不容易失望。而达到此目的的最好途径是通过精神的宁静和美好的行为来锻炼。他认为正直和团结是最好的品质，而嫉妒、猜疑和心胸恶毒是既制造矛盾又伤人的。他说："我们做好事而不做坏事，做好人而不做坏人，不是由于怕惩罚，而是出于责任感。"

关于精神文明、幸福与心灵美，德谟克利特认为："身体的美，若不与聪明才智相结合，是某种动物性的东西。"他还说："如果对财富的欲望没有餍足的限度，这就变得比极端的贫穷还更难堪。""当人达到目的或有保证能达到目的时，一切辛苦都比休息更适意。""要学会在你自己面前比在别人面前更知耻。""穷和富，是表示缺乏和充足的字眼，因此，凡缺少某种东西的人就不能算富有，而不缺少什么的人就不能算贫穷"，等等。

当然，德谟克利特是两千年前的哲人，由于时代和历史条件的不同，他的许多思想对当今的我们并不完全适用。但是，人类的美德和文明是有继承性的，我们今天读历史上一些健康的关于精神文明的警句，完全可以从中得到某种启示。

地球在运动

尼古拉（1401～1464 年），生于德国摩塞尔的库萨地方，所以人称为"库萨的尼古拉"，是一个具有进步倾向的人文主义者。

地球不动，地球是宇宙的中心，太阳围绕着地球旋转，这是托勒密的天文学理论，即"地心说"。它是为中世纪正统的基督教神学服务的理论。哥白尼提出的"日心说"，认为地球围绕太阳旋转，推翻了"地心说"的错误理论。然而，很多人未必知道，尼古拉曾早于哥白尼推翻了地球不动的"地心说"，提出了地球在运动的思想。

尼古拉当时比较注意自然科学的发展，对数学、天文学都很有研究，他力图研究出更准确的天文图表。唯心主义者一般都认为，宇宙是有限的，尼古拉却认为宇宙是无限的，宇宙没有任何确定的中心。既然没有中心，因而就没有所谓"地球在下，太阳在上"的上下之分了。地球也就不可能是宇宙的中心，太阳也不可能是宇宙的中心。地球既不是宇宙的中心，所以就不能不运动，地球和太阳都是运动的，只不过它们运动的速度不同罢了。

针对地球在运动，尼古拉还提出了运动是相对性的。他说，人们之所以认为地球是静止的，是宇宙的中心，这是一种错觉。只有对照某些静止的东西，才能探测到事物的运动。假如一个人坐船在河流中航行，他看不见河岸，也不知道水在流动，他是不会知道船是在运动的。所以，人们都以为自己所生活的地球是静止的，而其他星球在运动，这种看法是不对的，应该说，地球也在运动。

尼古拉的地球运动的思想，在天文学上是有价值的，它推翻了"地心说"，在动摇和反对正统基督教神学方面，更有积极的影响和重要的意义。

论魔鬼

法国唯物主义哲学家梅利叶担任神父时，曾给教徒们讲地狱里的魔鬼，针对老百姓害怕魔鬼的心理，他直截了当地指出了魔鬼就是封建领主和那些贵族、富人。

梅利叶说："我亲爱的朋友们！人们对你们谈到魔鬼，你们一听见魔鬼的名字就害怕，因为你们听说，魔鬼是某种无法想象的凶恶可怕的东西，仿佛是人类幸福最主要、最可恨的敌人，它们千方百计地企图害死人，让人和它一起在地狱里永远遭受不幸。可是我亲爱的朋友们，你们要知道，你们应当害怕的最凶恶的真正魔鬼是我所谈到的那些人。真的，没有比世上这些豪门、贵族和富人更厉害更凶恶的敌人了，因为蹂躏你们、折磨你们、弄得你们这样不幸的正是他们。我们的画家在画里把魔鬼画成那种可怕的、骇人的怪物的样子是想错了，是受了迷惑了；我认为他们是在迷惑你们，像你们的传教士迷惑你们一样，画家是在画里、传教士是在布道里向你们把魔鬼描绘成那样奇形怪状、丑恶、难看。画家和传教士最好是向你们把魔鬼描绘成这一切漂亮的老爷、这一切当权人物和贵族、这一切漂亮的太太和小姐们的样子，从外表看起来，他们是这样一些穿戴得漂亮、卷发擦粉、洒满香水、金银宝石闪闪发光的人。因为他们这些老爷太太们，正如我已经说过的一样，才是真正的男女魔鬼，因为他们正是你们最凶恶的敌人，对你们危害最大。被传教士和画家描绘成那种丑恶的怪物的魔鬼，实际上只是想象出的魔鬼，只能够吓唬孩子和无知的人，除了害怕它们的人所想象的祸害以外，不能造成任何祸害。但是这一群男女魔鬼，也就是我所谈的那些文雅的老爷太太们，他们当然已经不是想象的产物，而是完全现实的，他们的确能够使人害怕；他们给贫民所造成的祸害是完全现实的、彰明昭著的。因此，在这里，在我们面前摆着的也是祸害，甚至是巨大的祸害，即不同身份和地位的人们之间的令人惊异的、极端的不平等。但是，因为基督教容忍、赞同并肯定人间的这种极端，令人惊异的、如此不公正的身份上和地位上的不平等，所以，这就显然证明，这个宗教根本不是来自神的，根本不是神所建立的，因为健全的理性清楚地向我们表明了，被认为无限善良、明智和公正的神，是绝不想建立、神化和支持这些令人痛恨的极不公正的现象的。"

梅利叶对魔鬼的论述，一针见血地揭露了封建领主、贵族老爷、太太们的丑恶，启发了农民的阶级意识，动员他们起来同封建专制做斗争。

"前定和谐"说

莱布尼茨在阐述他的单子论时，提出了全部单子构成一个无穷的连续的系列，构成一个连续的整体，其中每一个单子都是一个不可分的点。但是连续性和不可分的点之间是有矛盾的，为了解决它们之间的矛盾，莱布尼茨提出了"前定和谐"说，他把"前定和谐"说看作是自己的哲学体系，也称为前定和谐系统。

　　莱布尼茨认为上帝在创造每一个单子时，就已全部预见到了一切单子的整体发展情况，因此预先就已安排好使每个单子都各自独立地变化发展，而又自然地能和其余一切单子的变化发展过程和谐一致，这样也就不会因每个单子自身的发展而破坏整体的连续性了。整个宇宙就好比一个庞大的乐队，每一件乐器都按照上帝事先谱就的乐曲演奏各自的旋律，而整个乐队所奏出的自然就是一首完整的和谐的交响乐曲。

　　莱布尼茨还举例说：有两座钟，把这两座钟拨到同一个钟点上，它们以同样的方式准确地走着，到时候就会同时报响。自然界中有无数个这样的钟，它们都是按着同样的方式走着，当某一个报响时，其他所有的钟也都会报响，它们之所以报响，并不是因为相互之间的影响，而是一种前定的和谐，是早已安排好了的。

　　莱布尼茨之所以提出"前定和谐说"，是他看到当时旧唯物主义提出的物质实体不能解决物与心的矛盾而提出来的，这是对的。但他却认为单子之间没有影响，否认了从量变到质变的突变过程，又把这个矛盾的解决归之为上帝预先的安排，这不仅是一种宿命论的思想，而且也是形而上学的。

自由是人性的天赋

　　许多哲学家曾经为"自由"这一概念做出自己的论断，伏尔泰就是其中的一位。在伏尔泰的社会理想内容中，"自由"是他反复提到的一个概念。而且他把自由的原则作为自己终生为之奋斗的理想，还把争取个人自由放在了启蒙运动的第一位。所以说，伏尔泰所教给我们的就是"走向自由"。

伏尔泰曾经说过："人性的最大天赋就叫作自由。"而他所谓的自由就是去做那些你的思想所绝对要求去做的那种权利。自由是人性的天赋，是不应该受到任何侵犯的。

在哲学意识形态方面伏尔泰是英国的崇拜者，在政治制度方面又是英国君主立宪制度的鼓吹者，他把英国模式看成是医治法国专制政体、缓解各个阶级矛盾和调和各阶级利益的良方。因此，在阐述自己对"自由"的看法的时候，他也经常以英国为例。在他看来，几乎在所有的专制制度下，人们都失去了自身的自由，而唯独英国的法制能够保障公民享受自由的权利。

伏尔泰在他的《哲学通信》中这样写道："建立一个合理的法律国家需要人的理性，以此来保障人身及财产的全部自由、向国家提意见的自由以及信仰的自由。"除此之外，任何一个英国公民还应享有"只能在一个由自由人所组成的陪审团面前才可受刑事审问的自由，以及不管是什么案件，只能按照法律条文的明确规定来裁判的自由……"

伏尔泰取消特权而坚持自由平等的思想被人们广泛传播，因而他唤醒了人们的理性认识。他的这种思想，也为声势浩大的法国资产阶级大革命做了思想上的准备和理论上的铺垫。伏尔泰生前并没有经历这次彻底的大革命，但是，他却已经预见到了，他称："我所看见的一切，时时都在传播着革命的种子，法国大革命的爆发是一种必然的趋势，是无法避免的，可惜的是，我没有办法看到它了。光明已经散布在远近各处，只要时机一到，革命即刻就会爆发。那些年轻人将会经历诸多的大事，这也是他们的福气。"

　　虽然伏尔泰没有看到发生在他身后的大革命，然而，他却被公认为是思想启蒙运动的"领袖和导师"以及"18世纪欧洲的思想泰斗"。在运送他的遗骸时，人们在他的灵车上写着："他是伟大的诗人、哲学家和法国启蒙思想家，是他使人类的理性迅速发展，是他培养我们热爱自由。"伏尔泰的心脏被装在一只精致的小盒子里面，并且保存在国家图书馆，上面清清楚楚地写着伏尔泰生前的一句话："我的心脏在这里，但到处都是我的精神。"

　　不错，事实正如他所言，他的自由、平等的思想对反对封建专制和教权主义产生了极为深远的影响，为美国的独立战争和法国大革命提供了有力的思想武器。

　　比如，在法国大革命时期，《人权宣言》这样讲道："在权利面前，人生来就是平等的，而且自始至终都是自由平等的。除了依据公共利益出现的个别社会差别外，其他的社会差别都不能成立。""人们的自由就在于不做任何危害他人的事情，个人在行使天赋的权利时必须保证他人自由行使同样的权利。"此外，它还规定："自由传达思想和意见也是人类最宝贵的权利之一。所以，每个公民都享有言论、著述以及出版的自由。"这些规定无疑是受到了伏尔泰思想的深刻影响。

　　在伏尔泰的那个时代，人们就对自由充满了渴望，更何况现在的人们。

　　虽然自由是人性最大的天赋，但是绝对的自由还是不存在的。我们在追求自由的同时也不要逾越法规，人要为自由而活，但不要被自由所累。

白马不是马吗

战国时期，各个诸侯国争雄图霸，不断打仗。作战中，骑兵冲锋陷阵，攻势凌厉，越来越显示出强大的战斗力。所以，各国都重视骑兵的发展，马也就被特别看重了。许多国君下令，不许马匹随便出关。

这天，公孙龙骑着一匹白马，大模大样向城关走去。到了关前，他也不下马，继续往前走。守关的小官一面命士兵挡住，一面大声喝问："你不知道禁马出关吗？为什么故意闯行？"公孙龙勒住马头，微微一笑，回答说："你是说禁马出关吗？请你细看，我骑的是白马，白马非马，你禁不得我。"守关的听了，张口结舌，不知怎么回答。公孙龙乘机穿过城关，扬长而去。这以后，公孙龙"白马非马"的说法就传开了。直到今天，人们讲起中国古代的哲学，就会提到"白马非马"的说法。

公孙龙骑马过关，不一定真有其事，但是，他确实说过"白马非马"的话，而且写过好几篇文章，像《白马论》啦，《坚白论》啦，来证明这话说得对。

要说白马不是马，很少有人赞成，可要说白马和一般的马有区别，还真有些道理。

人类对各种事物的认识，各个概念的确定，经历了千百年漫长的过程。我们现在知道的"人"啊，"马"啊，"空气"啊，"水"啊，等等，这些无数的概念都是世世代代的人们，经过一次又一次地实践和认识，逐步总结出来的。公孙龙在这个认识过程中是有贡献的，因为他在两千多年前就指出，"白马"这个具体的概念和"马"这个一般的概念是有区别的。他说，"白马就是'马'加上白色"，"马"是指形体的名称，"白"是指颜色的名称。这就启发人们去思考特殊和一般、个性和共性的相互关系，帮助人们加深对事物的认识。

"白马"和"马"是有区别的。但是，能不能说，"白马"不是"马"呢？当然不能。公孙龙却硬说，既然白马是马加上白色，所以，白马不是马。

公孙龙错在哪里呢？先得说，他没有弄明白什么是"马"的概念。平常，人们指着一匹牲畜，说："这是马。"那就是说，这牲畜长着强健的四肢，耳朵小而直立，面长，脖子和尾巴上长有长毛；能骑，也能拉车。"马"这个概念，是人们对客观事物的一种认识。它概括了所有这种牲畜的共同本质和区别于其他动物的一般特点。但是，作为抽象概念的"马"，和现实生活中那一匹匹具体的活生生的马是有区别的。任何一匹具体的、客观存在的马，除了具有马的共性以外，还具有自己的特点，自己的样子、大小、毛色，等等。要不，人们怎么能把这匹马和其他马区别开呢？每一匹现实的马，都是既有共性，又有个性，既有马的一般性质，又有自己的特点。世界上，绝不存在那样一匹抽象的马，不具有任何特点，不带任何颜色，分不出大小，比不出优劣。而公孙龙恰恰认为，那抽象的马不但存在，而且只有它才是真正的马。这样，就不仅白马不是马，其他红马、黑马、大马、小马都不是马了。公孙龙的根本错误就在于割裂了共性和个性、一般和特殊的相互联系。用哲学上的话来说，他犯了一个"绝对化"的错误。他不明白，表示事物共性的抽象的概念是从具体事物中概括出来的，事物的共性和它们的个性分不开，而且只能通过个性表现出来。是马，就都有颜色。如果带颜色的马不是马，天下就没有马这种牲畜了。

公孙龙说"白马非马"，违反常识。当时，就有人反驳他。庄子说他，"有其言，而无其实；能服众人之口，不能服众人之心。"后来，有个哲学家，叫韩非的，讲得更干脆，这个"白马非马"论，凭着诡辩的空论也许可以辩倒整个国家，但是用事实去检验它，一个人也骗不了。

人定胜天

荀子名叫荀况，是赵国人。他出生的时候，正是战国七雄相争的时代。新兴的地主阶级势力越来越大，他们的一套主张，和过去奴隶主阶级比起来，要进步得多。荀子是站在地主阶级这一边的。那个年代，人们认识自然、征服自然的能力也提高了。用铁做的农具，不但翻土除草容易多了，还能开河筑坝，引水灌田。这样，即使老天爷总不下雨，也不必那么害怕了。看来，"富贵"也不非是由"天"定的。

荀子是位聪明好学的人。他研究各个学派的学说，不管对哪个学派，都不盲从。他觉得对的说法，就接受下来；错的，也要搞清楚它错在哪里。这样，他的思想就比较符合实际。他写了一篇《天论》，里面的很多见解，比以前的人进步了。

荀子认为，"天"不是什么"神"管着的，"天"就是星辰、日月、四季、冷暖、风雨、万物等自然变化的现象。这观点现在看来平平常常，没啥稀奇。可是荀子是两千年前第一个说出这话的。正是经过荀子这样的思想家，还有千千万万劳动人民和许多科学家一代又一代的实践、总结，"天就是自然界"这个看法才被今天的人们理解和接受。人们不应该忘记他们的贡献。

当然，荀子对自然界发生的许多现象，还不能像现在这样，做出很科学的解释，可他的许多看法是符合实际的。

星光一闪，一块陨石（天上流星的碎块）从天上掉下来了，大家都很害怕，有人问："这是怎么一回事呀？"荀子回答说："这没有什么，只是由于天地的常规有了变化，事物发生了少见的现象。少见，就会觉得奇怪，但是，奇怪尽管奇怪，却不必害怕。因为日食、月食，还有带尾巴的怪星（我们现在说的彗星）以及风雨失调，有旱有涝，在别的朝代也出现过。这也不过是天地之间自然变化的现象，跟日出月落、寒来暑往是一样的道理，怕它什么？"

《天论》开篇第一句话就是："天行有常，不为尧存，不为桀亡。"意思是说，天的运行，有一定的规律。这规律不是因为世界上有尧那样贤明的君主才存在，也不会因为世界上有桀那样的暴君就消亡。荀子还说过，天不会因为人们厌恶寒冷就取消了冬季，地也不会因为人们厌恶遥远就缩小了面积。一句话，自然界的变化，客观规律的存在，不是由人的意志决定的。

那么，人们为什么要去向老天爷求雨呢？而且有时候，求过雨，果然就会下起雨来了，这不是老天爷真有灵验吗？荀子解释说："那是碰巧遇上了。其实，不求雨，也会下雨的。长久干旱以后，总是要下雨的，这是自然变化的规律，这同祭天求雨没什么关系。"

在荀子看来，天不能决定人的生老病死、吉凶祸福。他说："人若能辛勤劳动、又省吃俭用，天也不能让他贫困；人若能懂得养生之道，注意保养又经常活动，天也不能叫他生病。只要人的行动循着正确的道路并且坚定不移，那么，天也不能使人遭到祸害。"在荀子看来，人不但能认识天，而且能制服天。他充满信心地问道："与其尊敬天、仰慕天，何不把天当成物质来控制它呢？与其顺从天又歌颂天，何不掌握天变化的规律，利用它呢？"荀子在这儿，提出了"改造自然、人定胜天"的光辉思想。

变了味儿的天

董仲舒是河北广川（现在的河北省枣强县广川镇）人，公元前179年出生在一个地主家中。他从小就精读《论语》《孝经》一类儒家经典。据说，曾经有整整3年，他闭门读书，连屋子旁边的花园也没进去过。多年的用心苦读，使他对儒家那一套天命论十分精通，谈起来总是眉飞色舞，滔滔不绝。董仲舒一心一意想为当时的封建皇帝出力效劳，他越学越觉得儒家学说对巩固皇帝的天下特别有用。他天天盼望有朝一日能被人重用，好实行自己的主张。这一天终于盼来了。他被批准去参加考试以后，就日夜兼程走了20多天，赶到京城长安。他施展出自己的全部本事，写了3大篇文章，一下就考了个第一名。

董仲舒在文章中讲了些什么呢？他提出，天就是老天爷，是世间至高无上的神。他说："世上五谷生长，都是老天爷安排的，是上天造出来供人们吃穿用的。日月星辰的出现，春夏秋冬的更替，也是老天爷有意安排的。老天爷不仅创造了万物，而且按照自己的模样造了人。天有四季，人有四肢；天有寒暑，人有喜怒；天有白天黑夜，人眼有闭有睁；天有 12 个月，人身上有 12 个大骨节。天不仅生了人，而且还给老百姓立了一个皇帝，他是老天爷在人世的代表。皇帝的权力是老天爷给的，老百姓服从皇帝，就是顺从天意，不服从皇帝，就是违背天意。"

有一个主考官看了董仲舒的文章，问他："怎样才能知道是不是顺从天意呢？"

董仲舒说："老百姓和皇帝如果都顺从天意，老天爷就欢喜，用风调雨顺，五谷丰收，来表示高兴和奖赏；如果老百姓和皇帝不顺从天意，老天爷就会生气，用狂风暴雨，山崩地裂，来表示发怒和惩罚。"

按照今天的世界观来看，董仲舒那一套说法是谁也骗不了的。日月星辰的运转，春夏秋冬的更替，都可以用自然科学的知识来解释。人是由古猿一步步进化的，这早已成了人人皆知的常识。但是，汉朝时候，人们的认识尽管比几百年前进步了不少，可还是解释不清"什么是天""人是怎样产生的"这些问题。尽管荀子、韩非子用唯物论批判过孔孟的唯心论，却因为缺少自然科学的根据，也就不能令人信服。所以，当时信天信神的人还是很多。

战斗中的无神论者

《论衡》是东汉时期一位叫王充的思想家写的。在独尊儒术，迷信盛行的时代，王充敢于宣传唯物主义和无神论，批判各种各样的鬼神迷信，真是有胆有识啊！王充不愧是一位古代战斗中的唯物论者。

夏季的一天，黑云滚滚，雷电交加，只听得霹雳一声巨响，在树下避雨的一个人被雷电击死了。有人说："瞧，老天爷发火了。那人准是做了亏心事，老天爷派雷公把他打死了，这是天在惩罚作恶的人呀！"

王充听到这事儿，马上向出事的地方跑去。他对打雷闪电的事早就观察、琢磨了好久。下雨的时候，雷声隆隆，电光闪闪，像火一样。他怀疑过，雷电是不是火呢？这回，他到了被雷击死的人跟前，仔细观察，发现那人的头发烧焦了，皮肤烫黑了。周围的房屋和草木也被烧坏了。王充觉得自己的想法被证实了，他对人说："人被雷击死是被天火烧死的，这是碰巧的事，根本不是什么雷公的惩罚。要知道，打雷闪电是自然发生的，因为雷就是火呀！夏天阳气很盛，下雨的时候，阴气出来，阴阳二气'纷争'，阳气受激就会放出火来。"

王充还利用人们一些自相矛盾的说法，来驳斥天能赏善罚恶的迷信。他指出，要是说下雨是天喜，打雷是天怒，那么天下雨的同时又打雷，难道这是天又喜又怒吗？这不是自己打自己的嘴巴吗？

讲到雨的成因，王充的看法已比较接近科学了，他说："雨根本不是上天降下来的，相反，倒是从地上升上去的。因为雨是地气上蒸的结果。地气到空中凝聚成云，云又凝成了雨。夏天，天热降雨；冬天天冷，雨在空中凝成雪，所以，无论雨雪，都是地气上蒸所产生的。"

王充还解释过"天雨谷"的现象。有时候，天上落下来谷子一样的草籽，有人说是"天雨谷"。王充说，这不过是草籽被一阵大风卷起来，又飞落在另外的地方，这和在烧山的时候，山上树叶随风飞落在各处的现象是相似的，没有什么可大惊小怪的。

王充能对许多自然现象做出比较正确的解释，是因为他对整个世界的看法比较正确。他认为天地间万事万物都是由元气构成的，并不存在什么有意志的老天爷。他虽然还说不清"元气"是什么，但是，他的意思很清楚，这"元气"绝不是神鬼，而是客观存在的物质。王充也不信人去世后会变成鬼，他驳斥起形形色色的迷信说法来，既机智又有说服力。

那时候，许多人都相信，人去世后，人的灵魂（或者说精神）就变成了鬼。有人还说自己真的见过鬼，说鬼的样子和穿戴跟人活着时候一模一样。

王充一下子就抓住了他们的破绽，嘲笑地问道："你们说一个人去世后，他的灵魂能变成鬼，难道他穿的衣服也有灵魂，也变成了鬼吗？照你们的说法，衣服是没有精神的，不会变成鬼。如果真的看见了鬼，那它该是赤身裸体，一丝不挂才对，怎么还穿着衣服呢？"

王充还很风趣地说："从古到今，不知几千年了。死去的人，比现在活着的人不知多多少，如果人去世后就变成鬼，那么，在路上将到处是鬼了。人要是能看见鬼，就该看到几百万个，几千万个，满屋子满院子都是，连大街小巷都挤满了鬼。可是，有几个人见过鬼呢？那些见过的，也只说看见一两个，他们的说法是自相矛盾的。"

有的人还辩解说："哪有去世后都变成鬼的，只有死的时候心里有怨气，精神没散掉，才能变成鬼。古书上不是记载过，春秋时候，吴王夫差把伍子胥放在锅里煮了，又扔在江里。伍子胥含冤而死，心里有怨气，变成了鬼，所以年年秋天掀起潮水，发泄他的愤怒，可厉害呐，怎么能说没有鬼呢？"

王充说："伍子胥的仇人是吴王夫差。吴国早就灭亡了，吴王夫差也早就死了，伍子胥还跟谁作冤家，生谁的气呢？伍子胥如果真的变成了鬼，有掀起大潮的力量，那么他在大锅里的时候，为什么不把掀起大潮的劲儿使出来，把那一大锅滚水全泼在吴王夫差身上呢？"

王充的议论，对那些信鬼、说鬼的人，真是当头一棒，驳得他们哑口无言。

像上面这些精彩的议论，《论衡》里还有许多。《论衡》确实像一盏智慧的明灯，帮助人们在黑暗的封建社会中，探求万事万物的规律。

坚决不让迷信得逞

范缜一生坎坷，然而他生性耿直，不怕威胁利诱，其中国古典文学名篇《神灭论》，继承和发扬了荀况、王充等人的唯物论思想，是中国古代思想发展史上具有划时代意义的不朽作品。

公元 502 年，梁武帝当上皇帝，他是一个信佛的皇帝。上台后，就定佛教为国教，要王公百官全部都信佛。

梁武帝推广佛教，也怕范缜反对，就把他调回京城，还让他做了个不小的官儿。那会儿，范缜已经 60 多岁了，可他一副硬骨头。回到京城不久，就正式发表了自己的《神灭论》。于是，梁武帝指使曹思文等 64 人，前后写了 70 多篇文章围攻范缜。范缜还是一点不害怕。他用《神灭论》里讲的道理，有理有据，舌战众僧，表现了一个战斗的唯物论者的大无畏精神。

范缜把人的身体和精神比作刀刃和它的锋利。锋利不是刀刃，可是锋利是由刀刃造成的，从来没听说过，刀刃没有了，锋利还单独存在；哪能说，人死了，身体烂了，精神还存在呢？

佛教徒强词夺理地质问范缜："你说精神是身体产生的，树木也是和人一样，怎么就没有知觉？活人与死人同是一个身体，为什么死人就没有知觉？"

范缜回答说："人和木的'质'不同。构成人的'质'可以产生知觉，构成木的'质'则不能，并不是所有的物质都有精神作用。活人的身体和死人的骨骼也不同，就像活着的树木和枯死的树木有区别。活树可以结果，枯木却不能结果。活人的身体有知，死人的骨骼却无知。人死则神灭，绝对没有人死神存的道理。"

有的佛教徒又狡辩说："既然人死神灭，那么有人断了手脚，身体残废了，为什么精神还存在？这样看来，精神还是可以离开身体存在的！"

范缜说："手和脚并不是产生精神的主体，只有心才是产生精神的主体。断了手和脚，只能影响感官的作用，而不能影响思想的活动，如果把一个人的心挖掉，难道他还有知觉吗？"

最后，佛教徒理屈词穷，无可奈何地问道："知道人死神灭的道理，又有什么用处呢？"

范缜愤怒地回答："为了让人们不再信佛呀！你们说信佛是做善事。其实做这种善事，都是为了自私的目的。人们宁可倾家荡产去求神拜佛，也不愿去照顾亲戚朋友，救济穷人，这都是因为和尚用渺茫的谎言迷惑人，用地狱的痛苦吓唬人，用天堂的快乐引诱人。结果使许多人当了和尚，弄得家家骨肉离散，人人子孙绝灭，粮食被游手好闲的和尚吃光，财富被豪华的寺院建筑耗尽，如果不加以禁止，佛教的祸害会越来越严重啊！"

范缜舌战众僧，把佛教徒驳得体无完肤。就连善于诡辩的曹思文，也不得不承认："真厉害，简直无法辩驳。"梁武帝也没了办法，只好下了一道诏书，说范缜的"歪理"，难于用"道理"来说服，辩论就暂时停止吧。

梁武帝认为范缜讲的是歪理，其实符合唯物论的观点。唯物论的基本观点就是：世界是物质的，精神是物质的产物。范缜不就是始终坚持了这一点吗？当然，《神灭论》中也有错误认识的地方，比如：它把人的思想认识完全解释成人的生理现象，不了解社会生活对人的思想的影响。他把"心"当成了思维的器官，也是不对的。但是，范缜在1400多年前，自然科学还很不发达的时代，能比较正确地解释物质和精神的关系，坚决地反对佛教迷信，已经是很难得的了！

无处不在的"理"

据说朱熹小时候聪明好学。他刚会说话，父亲便指着天告诉他："那是天。"朱熹马上问道："天上有什么东西呢？"这使得朱熹之父朱松十分惊奇。这件事儿是后来元朝的大臣、学者在《宋史》中记载的，无非是要吹捧朱熹从小就是个天才人物。不过，这也说明了朱熹的一个特点，他成人以后，确实很注意探讨"天上有什么东西"这一类有关哲学的问题，并且通过研究这些问题，建立了他的唯心主义理学。

在父亲的指导下，朱熹苦读儒家的经典，18岁考中进士。这以后，他断断续续做了10年官，其余40多年，除了讲学就是著书。他创办和恢复过好几处书院（藏书和讲学的地方），其中比较有名的一处叫白鹿洞书院。

这座书院在风景如画的江西境内庐山五老峰南麓。为什么取名白鹿洞呢？传说，唐朝时候有一个叫李渤的文人，曾经在这儿的山洞中隐居读书。李渤养了一只浑身毛色洁白的小鹿。他把买书、纸、笔、墨等物品的钱和袋子系在小鹿的角上，小鹿就能跋涉数十里，到江西星子县城（今庐山市），将主人要买的东西如数购回。后来，李渤当了官，那只白鹿就插翅升天了。从此，白鹿洞的名字就传开了。后来，有人在这里建过学馆。

朱熹在这一带做官的时候，亲自寻访了白鹿洞遗址。他看到白鹿洞背山临溪，景色秀丽，赞不绝口，认为这是个办学的好地方。于是，他重建了白鹿洞书院。这个书院成为当时全国著名的"四大书院"之一。朱熹这样热心地办学，不为别的，就是为了宣扬他的那个"理"。

什么是他所说的"理"呢？朱熹常常爱用扇子做例子来说明。他说扇子这个东西就是"扇子的道理"。在没有做出他手中的扇子以前，"扇子的道理"就存在了。那一把把各式各样的扇子，不管是团扇、蒲扇，还是羽扇、纸扇，都是由那"扇子的道理"产生的。

也许有人会觉得朱熹说得有些道理。人们不是先有了用扇子的需要，先知道了怎么做扇子，先想好了做什么样的扇子，才去动手做扇子的吗？但是，人的这些想法又是从哪儿来的呢？从天上掉下来的吗？不是。是人们生来就有的吗？不是。这些想法，是人们在长期的生活和劳动中逐渐产生的。人们正热得难受，一阵风吹来，感到凉爽，这样，一次又一次，人们懂得了，风能驱热送凉。有人随手摘下宽树叶左右摆动，有风了，也很凉爽。这事儿一次又一次的有人去做，于是，用宽树叶、荷叶、芭蕉叶或其他类似的东西扇风取凉的想法便产生了。这样，才有了做扇子的想法。现在，人们用的芭蕉扇、团扇不还带着芭蕉叶、荷叶的痕迹吗？可见，扇子的"理"不是凭空出现的，而是在人们的实践中逐步产生的。

但是，朱熹说的"理"，并不是人们在实践中产生的种种认识。他不但认为在扇子做出来之前，扇子的"理"就有了，而且认为在天地、日月星辰、山川草木、人类禽兽产生之前，这一切事物的"理"也都已经有了。他说："未有天地之先，毕竟也只是理，有此理便有此天地，若无此理，便亦无天地，无人无物。"他还说：山河大地都陷了，宇宙毁灭了，这个"理"还是照样存在。一句话，在天地万物产生之前，这个"理"就有了，是它衍生了万事万物，包括人类，它从来就有，还将永远存在下去。看，朱熹所说的"理"不就是孔子宣扬的那个无所不知，无所不能的"天"，不就是宗教迷信里宣扬的那个创造万物的"老天爷"吗？朱熹比孔子和僧侣们更狡猾些，他用"理"来代替了那些神啊、鬼啊的词，因此也就更能迷惑人。哲学上把朱熹的这一套理论叫作"客观唯心主义"。

第四章

探索：攀摘智慧的果实

一切错误的认识之所以终究要被人们抛弃，不是因为它不为实践服务，而是因为它不符合客观实际因而不能正确、有效地为实践服务。人类的认识发展史已经证明，一切认识之所以能够产生和发展，不仅在于它来源于实践，而且在于它以实践为目的、最终要为实践服务。

水是最好的

泰勒斯是古希腊米利都城邦人，米利都是希腊的一个殖民地。它很富庶，算是世界繁华之区。在这里，聚集了许多自然哲学家。当时这些自然哲学家，面临着共同的问题是：形形色色，包罗万象的宇宙究竟是怎么来的？它的来源是什么？要到哪里去？这个问题的说明解释，就是通常哲学上所说的本体论和宇宙观。

泰勒斯对这个问题冥思苦想，费尽了心思，也不得其解。于是，他开始研究天文学、数学、气象学等科学知识，并去旅行，来寻找答案。

有一次，泰勒斯专心致志地仰望和注视星辰，结果跌到一个大坑中，弄得全身是土，脸和手都磕破了皮，流出了血，衣服也脏了。一些人嘲笑地说："你能认识天上的事物，却看不见脚底下的东西，结果摔在大坑里了，多愚蠢啊！"泰勒斯不以为然，拍了拍身上的土驳斥他们说："你们不能自由地跌进到坑内，说明你们才是愚蠢的，实际上你们是永远地躺在坑里，再也出不来了，因为你们不能观看那更高更远的东西。"这些人面面相觑，茫然不懂泰勒斯话中的寓意。

泰勒斯继续思考宇宙万物的来源问题。贵族奴隶主们都认为问题早已解决了，他们把奥克安诺（希腊神话中的海洋之神）和德谛斯（海洋神之妻）看作一切存在的创造者，认为宇宙万物都来源于神，世界由神来统治，许多百姓也都相信这一切，信奉神灵。泰勒斯经过观察，看到这样一种现象：平而圆的大地是浮在水面上的；任何生物没有水不能生长；种子含有水分，有了水才能发芽生长；一切植物都由水提供养料，有水而结果实，缺了水，它们就会枯萎；太阳和星辰也是由水的蒸发而得到滋养。于是，泰勒斯得出这样一个结论：水是万物的始基，一切事物由水发生而又复归于水。所以泰勒斯说："水是最好的"，这也是他最喜欢的格言。

泰勒斯把水作为创造者，大胆地否定了神创造一切的谬说，在当时是非常进步和可贵的。

星球唱歌

毕达哥拉斯潜心研究数学和音乐，当他发现了几何学上的定理（毕达哥拉斯定理）之后，高兴极了，曾举行了百牛大祭，安排了一次盛大的宴会，邀请了商人和全体人民参加，进行欢庆庆典。同样，毕达哥拉斯在音乐的研究上也颇有造诣，他还大胆地提出了星球唱歌的思想。

有一次，毕达哥拉斯在大街上走着。当他路过铁匠坊时，听到里面铁锤打铁的声音，被迷住了。这种声音是非常悦耳动听的，而且很和谐。他听了很久，琢磨出声音的和谐和铁锤下落的重量之间存在一定的规律。他又通过对天上星辰的观察，认为地球是一个星球，围绕着火旋转，这样的星球一共是 10 个。这 10 个星球和一切运动体一样，造成一种声音，而每个星球各按着大小与速度的不同，发出一种不同的音调，这是由不同的距离决定的，这些距离按照音乐的音程，彼此之间形成一种和谐的关系，由于这种和谐的关系，便产生运动的各个星球的和谐的声音——一个和谐的世界合唱。

毕达哥拉斯提出星球唱歌，有一种必然性的思想。这就是把宇宙中的星球理解为一个系统，它们为数的关系所决定，这些数的关系本身具有必然性，它是一个关系的系统。

理解毕达哥拉斯这个思想很重要，因为人们是听不见星球唱歌的，正如看不见地球运动一样，而当把星球看为能够唱歌，这样也就理解为能够运动的了。毕达哥拉斯认为，这个和谐的世界合唱，只有少数贤哲才能听到。为什么大多数人听不见呢？他说，这是因为声音是有灵魂的物体发出来的，而人们本身生活在其中，又因为它属于本体，与人们同一，而不是处于相反的地位，人们完全包括在这个运动之中了。

毕达哥拉斯又进一步研究了这个世界合唱的谐音比率，提出是按照四音度、五音度、八音度的程序进行的，在这个基础上，提出了"天体和谐"的理论。

毕达哥拉斯的研究，带有研究天体运动规律的性质，对后人产生了深远的影响。

灵魂与物体

古代希腊人对梦中的行为往往不理解，以为是人的灵魂在活动，因而提出了灵魂不死。有人说，喝醉了酒，人就要步履蹒跚，这是由于灵魂受潮了。那么，灵魂是什么呢？

德谟克利特说："灵魂是无孔不入的，无论多么小的虚空，它都可以穿过，灵魂是最容易活动的原子组成，可以穿过一切物体。"德谟克利特又具体说，灵魂就是火，火是最轻的，最活跃的，最精微的，可以渗透一切物体。

德谟克利特认为灵魂与物体的关系，是一种物质的关系。灵魂作为最精细的原子，在虚空中组合成物体，一旦组合物解体，灵魂也就随着消散了。因此，空气中有大量的灵魂原子，随着人的呼吸，与人体交换，从而维持了生命，一旦呼吸停止，灵魂的原子不能重新交换，生命也就停止了。

德谟克利特的解释是符合唯物主义思想的，他把灵魂看作是一种物质，对当时的宗教唯心主义是一个打击，具有积极进步的意义。

意识的力量

苏格拉底研究学问时，精力非常集中，在思考某个问题时，时常陷入出神状态。

有一次，苏格拉底走到一个地方，突然想起了一个问题，这个问题很费心思。于是他便停住不走了，陷入了沉思之中，竟在这个地方站了一夜，直到早晨的太阳光照射在他的脸上，他才从出神中惊醒过来。

苏格拉底自制能力极强，他能饮酒，酒量也很大，但从来也没有喝醉过。有一次，阿尔其比亚德（苏格拉底的朋友之一）昏昏沉沉地来到阿嘉生（苏格拉底另一朋友）家里，参加为庆祝阿嘉生的悲剧获奖而举行的宴会，苏格拉底也参加了。本来前一天，他们已经参加了竞赛会的宴会，都喝了不少酒，阿尔其比亚德酒劲还没过来。这时他看到别人没有醉，便自当司酒人，向大家劝酒，要把大家灌得同他自己一样大醉才肯罢休，苏格拉底只好陪着喝了不少酒。结果，阿尔其比亚德和其他几个人最后都靠在椅子上睡着了。当他们在天明醒来时，只见苏格拉底一杯在手，还在同阿嘉生谈论喜剧和悲剧，谈论一个人能不能同时是喜剧作家又是悲剧作家，然后他按照平常时间去公共场所，去运动场，好像什么事情也没有发生，并且如同平常一样整天到处找人谈话。

苏格拉底能够这样抑制自己，是来自意识的力量，这种意识能在过度的肉体享受中保持清醒。对于苏格拉底思考问题出神，著名的哲学家黑格尔感叹道：苏格拉底的这种出神状态，是他深入思考某个哲学问题的表现形式，在这种状态中，他失去了一切感性的意识，一种内心抽象作用与具体肉体存在的自然分裂，这种分裂使个人同内部的自我隔绝起来，从中可以看到其精神活动的深度。因此，在他身上，也可以说见到了意识的内心生活，这种内心生活是以一种人类学的方式存在的。

神不可知

普罗塔哥拉在雅典传播自己的雄辩术和哲学思想，使自己有了很高的声望。但是，他的命运不济，因为说神不可知，而被驱逐出雅典。

一次，普罗塔哥拉在公众面前朗读自己的著作，他读道："至于神，我既不能说他们存在，也不能说他们不存在，因为阻碍我们认识这一点的事情很多，例如问题晦涩，人生短促。"于是，有人去告发普罗塔哥拉，说他不信神。结果，雅典政府下令，驱逐他出境，并把他的著作放在广场上当众烧毁了。

普罗塔哥拉认为神不可知，是从"人是万物的尺度"这一思想发展而来的。他说："人是万物的尺度，是存在的事物存在的尺度，也是不存在的事物不存在的尺度。"普罗塔哥拉所说的人，是个体的人、感性的人，人对待万物的感受是不同的、变化的。因此，他又第一个说："关于万物都有两个相互对立的说法。"至于神，无论人们在心目中怎样想神都是可以的，但神究竟是否存在，则我们无法知道。不能因为心目中有神，就说神一定存在。

普罗塔哥拉以人为尺度，去观察自然、社会、人乃至神，这是具有进步意义的。而他的被驱逐，说明了当时雅典还没有摆脱宗教传统思想的束缚，因而不公正地对待了普罗塔哥拉。

普罗塔哥拉离开雅典以后，就去西西里旅行，在航海中遇到了大风，船翻了，最终他葬身于大海之中。

比萨斜塔的落体实验

真理是客观事物及其规律在人们头脑中的正确反映。那么，对于人们头脑中的某一特定"反映"来说，用什么来判断它是否正确呢？怎样来确定它是正确的呢？这就是检验真理的标准问题。

"实践是检验真理的唯一标准"的科学论断可以从科技史上有名的"比萨斜塔落体实验"得到证明。

古希腊权威思想家亚里士多德（公元前384～前322年）曾经断

言：轻重不同的物体从空中落地，"快慢与其重量成正比""重者下落快、轻者下落慢"。

这一错误的论断统治了物理学达 1800 年，人们把这一错误论断当成真理而信守不移。著名的"比萨斜塔落体实验"宣告了亚里士多德关于落体论断的破产。

1859 年的一天，在意大利比萨城的斜塔下，人头浮动，议论纷纷。25 岁的比萨大学青年数学讲师伽利略健步登上 50 多米高的斜塔，他一只手拿着 10 磅重的实心铁球，另一只手拿着一磅重的空心铁球，把两只手同时张开，使两个球同时下落。

在众目睽睽之下，两个重量不等的铁球出人意料地并行下落，几乎同时接触地面。

面对这个无情的事实，在场观看的辩论对手，个个目瞪口呆，不知所措。

"比萨斜塔落体实验"用铁一般的事实当众证明了亚里士多德关于物体自由下落的速度和物体的重量成正比的断言是错误的，同时当众证明了伽利略发现的真空中不同重量的物体自由下落的速度相同的定律是正确的。

这一被传为佳话的"落体实验"还生动地告诉人们：地位、权威、"圣人之言"以及多数人承认，都不是判定认识正确与否的尺度，只有实践才是检验认识的真理性的标准。

为什么说只有实践才是检验认识的真理性的标准呢？这是由真理的本性和实践的特点决定的。

从真理的本性来看，真理具有主观形式和客观内容相符合的本性，不具有这一本性的单纯的人的主观认识和单纯的客观事物，都不能回答特定认识是否具有真理性的问题，因此都不能作为检验真理的标准。

如果把主观范围的东西作为检验真理的标准，以主观检验主观，因人而异，因主观认识的不同而不同，那就把真理看作是主观随意的东西，从而抹杀了真理的客观性。客观事物只能是人的认识对象，独立于人的意识之外，自身也无法回答人们对它的认识是否正确的问题。这正如在你没有看到你本人的照片时，你无法回答"照片是否像你"的问题一样。

从实践的特点来看，只有实践具有把主观形式和客观内容现实地联系起来的特点。只有实践才能把主观形式和客观内容具体地联系起来加以比较、对照，从而确定主观同客观是否符合以及符合程度，因此只有实践才能作为检验真理的标准。

男人并不比女人少一根肋骨

真理是伟大的，真理性的认识能够成功地指导人们的实践活动，从而有效地改造客观世界，因此我们必须坚持和发展它。

正因为如此，古往今来，一切正直之士，无不把对真理的追求和捍卫作为终生奋斗的目标。为了追求真理，无数学者"呕心沥血破万卷，绞尽脑汁觅真迹"；为了追求真理，许多勇士不顾悬崖峭壁、荆棘满布而奋力攀登；为了捍卫真理，多少英雄豪杰宁愿赴汤蹈火，粉身碎骨。

比利时解剖学家维萨里（1514～1564 年）酷爱自己的事业，勤于实践、勇于实践。

他经常带领学生们偷盗绞刑架下的尸体，深夜去郊外发掘荒冢遗骸，秘密地进行解剖研究，从而得出了男人并不比女人少一根肋骨的正确结论。

这一发现触犯了《圣经》。《圣经》上说上帝命亚当抽去一根肋骨变成夏娃，男人的肋骨应该比女人的肋骨少一根。

维萨里坚持"男人的肋骨与女人的肋骨一样多"这一真理性认识，不做任何修正，也不妥协。宗教法庭判他死罪。幸亏国王菲立普见他是御医，赦免于死刑，但仍强迫他到耶路撒冷朝圣。

后来，他在归途中不幸遇难而亡了。

维萨里为了探索真理、发现真理，敢于触犯《圣经》，"偷窃"尸体、"解剖"尸体。为了坚持真理、发现真理，维萨里表现出了勇于献身、视死如归的牺牲精神。

人类的认识轨迹给我们展示了真理发展的规律：真理总是同谬误相比较而存在，相斗争而发展的；真理的发展过程，就是一个不断地同谬误做斗争并战胜谬误的过程。

人的心灵是一块"白板"

约翰·洛克（1632～1704 年），英国唯物主义哲学家，继承和发展了弗朗西斯·培根和霍布斯的唯物主义思想。

洛克所处的时代，哲学界"天赋观念"说很流行。他同"天赋观念"说做了坚决的斗争。

所谓"天赋观念"，是法国二元论哲学家笛卡尔提出来的，意思是说，人们把进入自己意识里的东西要看成并不存在于思维以外的永恒真理。这个永恒真理不属于这个或那个时间，这个或那个地点，而是天赋的，是精神自身的永恒概念，精神的自由规定、自发规定。洛克坚决反对笛卡尔的"天赋观念"，提出了"白板"说。

所谓"白板"，是说人的心灵是一块没有内容的"白板"，这个"白板"以后逐渐被人们所叫作经验的认知所填满。洛克认为，根本没有什么天赋观念，天赋观念的形成是由习俗和权威造成的。他说："有些学说虽然没有高贵的来源，虽然只是由乳母的迷信和老妇的权威得来的，可是因为年深日久，乡党同意的缘故，它们会在宗教或道德中，上升到原则的地步。因为留心以原理教导儿童的人们，往往要以自己所认为合意的学说，灌注在他们那天真而无成见的理解中（因为白纸可以接受任何字迹），使他们仅守勿失，公开宣扬。这些学说既然在儿童有意识时就教给他们，而且周围的人们或以公开的承认，或以默然的同意，在他们生长的过程中，又逐渐把这些学说给他们证实了，因此，这些学说就逐渐获得美名，被人认为是不可怀疑的天赋真理了。"洛克驳斥"天赋观念"是一种不可靠的、自以为是的学说，他指出，人的心灵本身就如一张白纸，上面没有任何标记，没有任何观念，至于后来出现的知识和观念，都是从经验中来的，是后天的，知识建立在经验之中，导源于经验。

洛克"白板"说的提出，对于反对唯心主义的"天赋观念"说，起到了积极的作用，坚持了经验唯物主义的原则。此后，"白板"说在哲学史上出了名。

没有两片完全相同的叶子

在莱布尼茨的哲学中，有一个重要的思想：事物存在质的差异性，也就是说，事物具有质的特殊性与多样性。这是说，不能有两件同样的东西；否则它们就不是两个，就没有区别，而是同一个东西。莱布尼茨这个思想是力图说明单子的特性，它同时具有某些性质、某些固有的规定，某些内在的活动，使它们与其他单子区别开来。

据说，有一次莱布尼茨和他的一个朋友一起陪同选帝侯夫人在赫伦豪森花园散步。莱布尼茨当着夫人的面说，没有两片区别不开的个体，同样也没有两片区别不开的树叶。莱布尼茨的朋友认为可以找到两片完全相同的叶子。选帝侯夫人不相信莱布尼茨的话，于是叫所有的宫女去找，找来找去，结果白费力气。后来，莱布尼茨说，两滴水，或两滴牛奶看起来它们本身之间很难区分，但是用显微镜去看，则会发现是可以区别开的。

莱布尼茨关于质的差异性的思想原则，被黑格尔认为是深刻的见解，他说这种深刻的见解是："每一件东西本身都是一个特定的东西，一个与别的东西本身有区别的东西。是不是有两件东西一样或不一样，这只是我们所做的一个比较，是在我们比较的范围内的。更深刻的东西却是它们本身固有的特定区别。区别必须是本身固有的区别，并不是相对于我们的比较，相反的，主体必须本身具有这种固有的规定；规定必须是内在于个体中。如果两件东西之所以有区别仅仅是由于它们是两个，那它们每一个就都是一；二本身并不构成任何关系，构成关系的是特定的区别本身，这是主要的东西。"

"国王赏麦"带来的启示

印度流传着一个古老的传说，这个传说讲的是，国王舍罕准备重赏国际象棋发明人、宰相西萨·班·达依尔。

国王问他有什么要求，西萨·班·达依尔跪在地上，指着棋盘对国王说："陛下，请您在第一小格内赏我 1 粒麦子；第二格内赏我 2 粒；第三格内赏我 4 粒，按照这种每一小格比前一小格加一倍的方式。陛下啊，您把棋盘上的 64 个小格填满就可以了。"

国王一听，认为是一件区区小事，就满口答应了，并当即命令仆人扛来一袋麦子，按照西萨·班·达依尔的要求去做。让人没有想到的是，满满一袋麦子还没放到第二十格时，就已经用完了。于是，一袋又一袋的麦子扛到国王面前，却怎么也放不满这张棋盘。

看到这种情况，国王慌了，急忙让人计算，这一算不要紧，国王惊出一身冷汗，他发现：即便把全印度的麦子都赏赐给宰相，也远远不够。因为按照宰相的要求，一共需要 18446744073709551615 颗麦粒，重量高达 2000 多亿吨，竟是全世界在 2000 年内所生产的小麦的总和！

为什么国王竟许下了自己根本不能兑现的诺言呢？因为国王胸中无"数"，仅仅局限于感性认识来体验依次倍增的 64 格的小麦数。

为什么宰相西萨·班·达依尔却能提出国王会满口答应而又无法兑现的要求呢？因为宰相胸中有"数"，不仅凭借感性认识来体验，而且通过理性认识来理解依次倍增的 64 格的小麦数。

"国王赏麦"的故事生动地说明：理性认识能够以抽象的逻辑思

维形式，正确把握感性认识不能把握的事物的本质和事物的内部联系。理性认识对客观事物的反映不如感性认识具体、形象，似乎离客观事物远了。但是，如果这种理性认识是正确的，那就会深刻、全面地反映客观事物，实际上也就与客观事物更加接近了。

请求鸭嘴兽原谅

1895 年，恩格斯给康·施密特写了一封信，他在信中写道："1843 年，我在曼彻斯特看见过鸭嘴兽的蛋，然后就傲慢无知地嘲笑过哺乳动物居然会下蛋这种事情，结果现在这的确被证实是真的了！因此，希望您对价值概念这件事，不要做我事后不得不请求鸭嘴兽原谅的那种事情啊！"

这是怎么一回事呢？原来，传统的观点认为，凡是哺乳动物都应该是胎生，是不会下蛋的。但是后来，人们突然在澳洲发现了鸭嘴兽，它是现存的最原始的哺乳动物，却是卵生，通常每次产 2 个蛋，而后由雌鸭嘴兽伏在蛋上进行孵化。这种动物有乳腺却没有乳头，年幼的鸭嘴兽从雌鸭嘴兽的腹面濡湿的毛上舔食乳汁。伟大而博识的恩格斯一度也拘泥于传统认识，盲目地相信了鸭嘴兽不是哺乳动物的观点。但是后来，事实证明，鸭嘴兽的确是哺乳动物，恩格斯发现自己真的犯了错误后，就写了上面这封信，他告诉施密特。他也曾经迷信过书本，迷信过传统，但是却因此犯了错误，因此，他提醒施密特不要犯和自己同样的错误。

即使是恩格斯，都不可能把所有的事情都做得准确无误，所以说，人总会犯错误。犯错误并不可怕，可怕的是不肯承认自己的错误。能够成功的人都能在认识到自己的错误后去勇敢地承认，并迅速地纠正错误。只有这样的人才能不断进步。而在科学研究上，同样要敢于承认错误，并及时改正错误。因为只有这样，才能使科学不断进步，才能逐渐地靠近真理。

人是能思考的芦苇

法国著名哲学家布莱士·帕斯卡的《思想录》里有句最精彩的话："人只不过是一根苇草，是自然界最脆弱的东西，但他是一根能思考的苇草。用不着整个宇宙都拿起武器来才能毁灭他，一口气、一滴水就足以致他死命了。然而，纵使宇宙毁灭他，人却仍然要比致他于死命的东西更高贵得多，因为他知道自己要死亡，以及宇宙对他所具有的优势，而宇宙对此却是一无所知。"

是的，比起大自然中的其他生物来，人确实是渺小的。人的肉身不但颇为脆弱，而且弱点太多：论力气，比不上野兽；论视力，赛不过家犬；论声音，比不上百灵；论美丽，敌不过孔雀。唯有人的思考和智慧能够超越时间，横贯万里，而这也是人类真正可以自傲的地方。上帝创造了宇宙，似乎是一定要叫这宇宙败坏的，而创造了人，人类却可以自由地设计自己的命运。这恰恰是幸福的前提，也可能是悲观的潜因，但却是尊严的全部。

在这里，布莱士·帕斯卡发现的不是人的渺小，而是发现人的高贵。一个人，只要拥有了思想，遇见鬼神，鬼神会畏惧你；遇见高山，高山会给你让路；遇见河流，河流会给你铺桥；遇见天空，天空会给你翅膀。思考的力量是无人能挡的。

静静地走到一棵树下，仔细看看树上的蜂窝，你一定会发出惊诧的叫声，因为这些蜂房全都是精妙的六边形！

这是为什么呢？早在18世纪初，法国学者马拉尔奇就曾经做过深入的研究，发现每个菱形的钝角都是109°28′，则所有的锐角都是70°32′。这一发现使西班牙物理学家奥鲁拉得到一个启发：这种特定的图形是不是最省材料容积又最大呢？到了19世纪，科学家又得到了一个更准确的数据，使对蜜蜂窝的研究又有了新的进展，并找到了最终的结果，结果正如西班牙物理学家奥鲁拉所预计的，既节省材料又可使容积增大。

看到这里，我们不禁赞叹世间万物的奇妙，以及这些生物的聪明头脑，甚至是人类所无法企及的。可是令人不解的是，既然人类是如此渺小，又是如何建造起钢筋水泥式的高楼大厦，又是怎样建立起灵魂的大厦呢？

列宁说："人比蜜蜂聪明，房子在没有实际建起来之前就已经在人的大脑中建好了。如果说蜜蜂建窝只是本能赋予的一种生存能力，而人却能运用他的思考支配自己本身没有的能力。"

一个人不思考，世上就多条愚汉；一个民族不思考，就会走向疯狂。思考是人与生俱来的权利，虽然它并不必然指向真理；但不思考却必然走向愚昧盲从。因此，我们有理由鼓励思考，唤起人们思考的欲望。一株思考的"芦苇"是脆弱的，而一望无际、郁郁葱葱的"芦苇荡"，其爆发出的创造力将是难以估量的，也是不可战胜的。

因而，我们全部的尊严就在于思想。正是由于它而不是由于我们所无法填充的空间和时间，我们才必须提高自己。因此，我们要努力好好地思想，这就是道德的原则。唯有如此，我们才能像莎士比亚通过哈姆雷特唱出的那样："人类是一件多么了不得的杰作！多么高贵的理性！多么伟大的力量！多么优美的仪表！多么文雅的举动！在行为上多么像一个天使，在智慧上多么像一个天神！宇宙的精华！万物的灵长！"

世界原本是不可知的

世界的本质是物质的，物质世界是运动、变化、发展的。那么，物质世界可不可以被认识？怎样去认识？不同的哲学有不同的回答。

《庄子·齐物论》中讲述了一个这样的寓言故事：

一个炎热的夏日中午，庄子躺在花园的大树下乘凉，不知不觉地睡着了。

他做了一个梦，梦见自己变成一只五彩缤纷的大蝴蝶。这只蝴蝶在花丛间翩翩起舞，非常快活，甚至连自己是庄子也忘掉了。

忽然一阵凉风吹来，庄子醒了，发现自己不是蝴蝶，而是庄子。他看看四周，又摸摸自己的脑袋，继而他糊涂了，自言自语地说："哎呀，这是怎么搞的？到底是庄子做梦变成了蝴蝶，还是蝴蝶做梦变成了庄子？真奇怪，庄子与蝴蝶总该有所区别吧？"

这个故事颇有点痴人说梦的味道，令人感到离奇费解。明明是庄子睡梦中梦见了蝴蝶，怎么一觉醒来，竟连自己是蝴蝶还是庄子都搞不清楚了呢？

然而，就庄子而言，提出这个问题又是不足为奇的，这正是庄子的不可知论哲学观点的一种表露。

庄子对人的认识能否正确把握客观世界持怀疑态度，认为世界上任何事物的性质和存在都是不稳定的，人类要认识事物的真实面目是不可能的。既然自己和蝴蝶的性质和存在是不稳定的，二者之间没有一个确定不移的界限，那么，究竟是自己梦见了蝴蝶，还是蝴蝶梦见了自己，又怎么能说清楚呢？

古希腊的哲学家皮浪的观点与我国古代庄子的思想有相似之处。他认为，对任何事物的好与坏、是与非都是无法断定的。

据说，有一次皮浪乘船出海，遇到了风暴。当时波涛汹涌，小船随着波涛上下起伏、左右摆动，随时存在着船翻人落水的危险。

船上的人都很惊慌，他却指着一头照样吃食的猪说：“我们应当像猪那样无动于衷，不必考虑风暴会带来什么吉凶。”

皮浪是从怀疑一切的角度来宣扬他的不可知论思想的。他主张任何事情可以这样说，也可以那样说，无法辨别真伪，也不必去辨别真伪，应该像风暴中照样“无动于衷”吃食的猪那样，不去探究大千世界，不去预测行为后果，人的灵魂才能得到安宁。

皮浪有一次不慎掉进沟里，正巧他的弟子行路到了沟旁边。

这位忠实的弟子遵照他老师皮浪的学说，无法断定沟下边这个人究竟是不是他的老师，就没有把他老师拉出沟来，扬长而去了。

这位弟子多么荒唐、可笑！他既是皮浪学说的忠实弟子，又是“师处难中不伸手相助”的不忠诚的弟子。

认识来源于实践

鲁班是春秋时代鲁国的工匠。据说，有一次他承建一座庞大的宫殿，需要很多的木料，他就让徒弟上山砍伐树木。当时，砍伐树木的工具是斧子，想要砍倒一棵大树，需要很长的时间。由于工期紧张，木料供应不上，鲁班很着急，便到山上去看看徒弟的砍伐进度。

山非常陡，他在爬山的时候，用手拉着丝茅草，不料丝茅草一下就把手指头划破一条口子，流出血来。

鲁班非常惊奇，一棵小草为什么这样厉害？

鲁班摘下一棵丝茅草带回家去研究。他左看右看，发现丝茅草的两边有许多细齿，这些小细齿很锋利，用手指去扯，就会划出口子。

鲁班受了丝茅草的启发，他想：如果打成有齿的铁片，不就可以锯树了吗？于是他就和铁匠一起锻造了一条带齿的铁片拿去锯树，果然成功了。

实践出真识、出智慧。鲁班正是出于"承建一座大宫殿"的实践需要，怀着"砍伐大树"的实践目的，能动地接触到了客观事物——"两边有许多细齿"的丝茅草。先通过实践的特殊形式——"用手指去扯，就会划出口子"的小实验，后又通过和铁匠一起"锻造"的生产实践，才有所创造——"锯子"，有所发现——"齿状金属物分离固体优于刀状金属物"。

由此可见，实践是认识的来源。

科学上的发现、发明、创造是如此，知识的积累、才干的增长、技能的提高，也是如此。

北宋大文学家欧阳修在他的《归田录》中记述了一个这样的故事：

有个名叫陈尧咨的人，擅长射箭，号称"举世无双"。

有一天，他在家门前的靶场练习射箭，箭箭都命中了靶子，人们纷纷拍手叫好，真是"百步穿杨"！他自己为此也十分得意。

但是有一个挑担卖油的老头儿见了却不以为然，只稍微点了点头。陈尧咨很扫兴，故意问老头："你也会射箭吗？你看我射得准不准啊！"老头很直率地回答："这没有什么了不起，只不过是经常练习，手法熟练罢了。"

陈尧咨一听，更加生气，愤愤地责问老头："你凭什么轻视我的本领？"老头心平气和地解释说："我凭自己倒油的经验明白这一道理。"

说罢，老头不慌不忙地取出一个油葫芦，放置在地上，用一枚铜钱盖住葫芦口，然后舀一勺油高高地向铜钱孔倒下。只见那油犹如一条笔直的细线从钱孔灌入葫芦内，等到一勺油倒光，铜钱上一点油星也没有沾。人们无不惊讶。

此时，老头当着大家的面对陈尧咨说："这也没有什么了不起，只不过是手法熟练罢了。"

这个"熟能生巧"的成语故事启迪人们，钱孔装油不沾、箭箭"百步穿杨"这两种精湛的技艺，不是什么神奇奥妙的本领，而是勤于实践、手法熟练的结果。

不仅装油、射箭是这样，人类任何一种本领、技能的形成也都是如此，"窍门"永远属于那些勇于实践、勤于实践的人。

实践是认识的最终目的

人们的认识，无论是正确的还是错误的，都有它自己的实践目的，区别只在于它们在改造客观世界的实践活动中所起作用、结果的性质不同，不在于特定的实践目的的有无。

一切错误的认识之所以终究要被人们抛弃，并不是因为它不为实践服务，而是因为它不符合客观实际因而不能正确、有效地为实践服务。人类的认识发展史已经证明，一切认识之所以能够产生和发展，不仅在于它来源于实践，更主要的在于它以实践为目的、最终要为实践服务。

直观的经验科学如此，高深的理论科学也是如此。

春秋战国时期，我国先民发现了一些电和磁的特性，即所谓"顿牟掇芥，磁石引针"。

到了近代，1745 年，荷兰的马森布罗克和德国的克莱斯特各自独立发明了莱顿瓶，使人类第一次获得可供实用的持续电流。人们很快地把它应用于实践，相继研发出了电话、电报收发机与电弧灯，揭开了人类电力时代的序幕。

1830 年，英国物理学家法拉第创立了"电生磁、磁生电"的理论，并运用这一理论研制了第一架感应发电机，随后人类才真正进入电气化时代，在实践领域中广泛使用着电。

20 世纪初叶，"弱电"理论有了新发展。法拉第引入了"场"的概念，麦克斯韦方程解决了电磁场的定量分析。一旦理论上有新的突破，人们就把这种新的认识付诸实践。1910 年，电子三极管开始应用于广播，广播电台、电视机也相继问世了。

从人们对电的认识到一系列电器相继出现的历史生动地表明：理论自它孕育之日起，就与实践结下了不解之缘，就有为实践服务的"天职"；理论也只有在实践当中才能找到自己的"归宿"和"用武之地。"

实践是认识的最终目的。科学发展的历史令人信服地告诉我们：在任何一门学科中，人们一旦有了新的认识，总是千方百计地把它应用于实践，以期有效地达到改造自然和改造社会的目的。

理性认识依赖于感性认识

清朝著名学者纪昀在他的《阅微草堂笔记》里讲了这样一个故事：

沧州城南，有一座靠近河岸的寺庙，山门倒塌，一对石头雕的镇门兽也随着滚到河里去了。

过了十几年，准备重修山门，需要把那一对石兽打捞起来。但是，河水悠长，到哪里去寻找呢？

起初，人们在山门附近的河水里打捞，仔细寻找，可是没有找到。

有人认为石兽顺着流水滚到下游去了，便划着几只小船，拖着铁钯，找了十几里路远，也没有找到。

有一位在寺庙里教书的"讲学家"责备打捞的人说："石兽又不是木头雕的，怎么能被流水冲到下游去呢？石兽坚固而沉重，泥沙稀松而轻浮，石兽淹没在河中泥沙里，只会越陷越深。你们在山门附近的河中泥沙上面找，甚至到下游去寻找，难道不愚笨吗！石兽一定深深沉陷在山门附近的泥沙底下。"人们听了他的话，佩服他说得对。但是依照他的意见深挖了又深挖，仍然没有找到石兽。

有一位老河工断言"凡河中失石，当求之于上游"，他说："石兽是坚固沉重的，泥沙是稀松轻浮的，流水的力量不能一下子把石兽冲走，但是被石兽挡回来的流水的力量必定在面对流水的石兽下边，把泥沙冲开，形成一个窟窿扩大到中部时，石兽不能再保持平衡，必定倒翻到窟窿里去。流水再冲击泥沙，到一定时间石兽再倒翻一次，接连地倒翻，这对石兽就逆着流水'上翻'到上游去了。"

人们依照老河工的意见去寻找，果然在上游几里远的地方把那对石兽找到了。

这则故事多么生动、有趣、深刻！

它令人信服地告诉我们：老河工关于"凡河中失石，当求之于上游"的理性认识，依赖他在实践中所获得的关于石头、泥沙、流水及其三者运动的相互关系的感性认识；"讲学者"不具有石头、泥沙、流水三者在运动中的相互关系的感性认识，就不可能形成"凡河中失石，当求之于上游"的理性认识。

那么，什么是感性认识？什么是理性认识？

感性认识是关于事物的现象和外部联系的认识，是认识的低级阶段；理性认识是关于事物的本质和内部联系的认识，是认识的高级阶段。

人们在实践中，直接同客观事物相接触，客观事物的现象和外部联系通过人的眼、耳、鼻、舌、身等感觉器官输入到人的头脑中而直接形成的认识，就是感性认识。故事中老河工在长期实践中所获得的"石兽坚固沉重""泥沙稀松轻浮""挡回流水""泥沙冲开""形成窟窿""失去平衡"等认识，相对于它们之间的本质的、内部的联系来说，都属于感性认识。

人们在实践中，不断获得感性认识，经过分析和综合，深入认识事物的本质和事物的内部联系，从而上升到理性认识阶段。故事中，老河工通过分析、综合而形成的"凡河中失石，当求之于上游"的论断，以及由推理而形成的"这对石兽逆着流水'上翻'"的判断，则属于理性认识。

相马的绝招

从感性认识到理性认识的飞跃，是人们认识发展的必然趋势。那么，怎样才能实现从感性认识到理性认识的飞跃呢？这一飞跃不是自发实现的，而是在具有丰富、可靠的感性材料的基础上经过科学抽象、逻辑加工实现的。

《淮南子·道应训》记载：

秦穆公想请伯乐为他寻访一匹千里马，伯乐听了，脸上显出为难之色，说道："说到相马，这里面很有些学问。我相马这几十年，也略略懂得了一点点规律。对于一般的好马，人可以从它均匀的形体、端正的外貌，粗大的骨骼上看出。这比较简单，一般的相马人差不多都能够认出它来。但是天下绝伦的千里马就完全不同了。千里马之所以很难相出，是因为它的特点非常不明显，好像一会儿有一会儿又没有，就像丧失形体一样。而这样的马，飞驰起来就好像要离开尘世一般，寻不到一点形迹。可惜呀，我的几个儿子从小跟着我一起养马，却都是平庸之辈，他们挑选一般的好马没问题，但是不可能选出千里马来。"秦穆公听了，吃惊地问道："难道就再也没有人能为我选千里马了吗？"伯乐答道："那倒不一定。我有一个朋友叫九方皋，是个担柴伐薪的粗人，他对于相马之术，只在我之上，不在我之下，如果君王不嫌弃他，请国君召见他，他一定不会使您失望的。"

秦穆公召见了九方皋，只见他面目紫黑，身材短小，其貌不扬。秦穆公也不见外，马上派他到外地寻求千里马。谁知这一去竟没有了音信，整整过了 3 个月，九方皋才风尘仆仆地回来，上朝拜见秦穆公。九方皋对秦穆公说："我已经寻求到了一匹千里马，正在沙邱那个地方，君王可以派人去把它牵来。"秦穆公问："是什么样子的马呢？"九方皋回答说："是一匹黄色的母马。"秦穆公派人去沙邱那儿把马牵了回来，拉到面前一看，竟是一匹黑色的公马。穆公见了，很不高兴，想伯乐识出了这么多千里马，竟然不会识人，命人立刻把伯乐召来。

伯乐听说后，赶忙来谒见秦穆公。秦穆公生气地对伯乐说："你推荐的人太差劲了。那个叫九方皋的相马人，连马的毛色纯杂、雌雄都分不清，又怎么能够知道什么是好马呢？"伯乐请秦穆公把马拉来一看，点了点头，又长叹一声说："九方皋相马技术竟然能达到这样神妙的程度啊！这就是他超过我千万倍的地方。九方皋所看到的，是马的天然的特性，得到了精髓而忘掉了粗疏的东西，看到内在特质而丢掉了表象。他见到了他应该见到的东西，而不去注意他所不需要的东西；考察了他应该考察的东西，而放弃了他所不必要考察的东西。像九方皋这样相马的经验，比起常人来要超过千万倍啊！"说完，伯乐亲自把马在众人面前试了一下，果然是一匹绝好的千里马，秦穆公这才信服了伯乐和九方皋。

"九方皋相马"的故事对我们颇有教益：九方皋在对马的毛色、性别、形体、筋骨等感性认识的基础上，"去粗"——撇开马的毛色、性别等感性材料，"取精"——保留马的形体、筋骨等感性材料，"取其精而忘其粗"，最后才形成了对千里马的理性认识——关于马的"天机"的认识。原来九方皋相马的绝招之一就在于"去粗取精"！

秦穆公则相反——"去精取粗"，仅仅注重马的毛色、性别，而忽略了马的形体、筋骨，不仅未能识破马的"天机"，反而"很不高兴"地"责备"伯乐。

由此可见，正确的理性认识需要"去粗取精"的逻辑加工才能形成。因为在认识过程中，只有"去粗取精"，才能在对大量感性材料的分析、比较的基础上抓住最能表现事物本质的精髓的东西。

臆断的教训

《吕氏春秋·疑似篇》中有一个这样的故事：

梁国北部的黎丘有一个奇鬼，常常装扮成住家人户的儿侄兄弟的模样出来惹是生非。

一天，当地有个老爷子去赶集，喝得醉醺醺地往家走。这鬼就装扮成他儿子的模样，把他拦在半道上捉弄他，使他吃了不少苦头。老爷子好不容易才回到家。酒醒以后对儿子大发雷霆，责骂道："我做父亲的，难道有什么对不起你的地方吗？我喝醉了，你在半道上同我捣乱，这成什么体统？不孝，太不孝了！"

儿子一听，十分惊慌，急忙跪在地上，一边磕头，一边哭着说："造孽！造孽！实在是天大的冤枉啊！昨天我到东城讨债去了，根本没到集市上去过。不信，您找人去打听打听吧！"

父亲听儿子说得有根有据，果真又去打听了一下，证实了儿子说的话是真话。

第二天，老爷子又故意到集市上喝酒，心想，要是再碰上这个鬼的话，非把它刺死不可。这天他又喝醉了。儿子害怕父亲路上再出事，回不了家，便到半路上去接他。老爷子见儿子来了，便认为又是昨天那个鬼怪装扮的，也不细辨，拔出剑来就把儿子杀死了。

冤枉，"实在是天大的冤枉啊！"明明去东城讨债去了，却被错当作"捉弄"父亲的不孝之子而受责骂；害怕父亲出事、诚心诚意半路接父亲，却又被父亲杀死。真冤枉，真可惜！

这位老爷子之所以"人妖颠倒"，就在于他：既为假象所蒙蔽，视假为真、视鬼为子，又"不识庐山真面目"，主观臆断，视真为假、视子为鬼。到头来，才演出这一幕父亲杀子的悲剧，看来他实在太缺乏对现象的复杂性和去伪存真的必要性的认识了。

大千世界中的现象五光十色、千奇百怪，大有使人眼花缭乱之感，但从性质上可以归纳为两类：从正面直接地表现本质的真相和从反面歪曲地表现本质的假象。

在现实生活中，人们对事物的真伪之所以一时难以分辨，原因是多方面的。从认识论角度讲，主要原因有：从客观条件看，第一，事物的发展有一个过程，真实本质的充分显露也有一个过程；第二，事物的真相和假象交互并存，真真假假，虚虚实实，有待识别。从主观条件看，人们的知识、经验、方法、立场、观点的不同，便导致人们对事物的看法有所不同。

"草萤有耀终非火，荷露虽团岂是珠。"实践证明，任何真相和假象终究是可以识别、可以区分的。

俗话说："不怕不识货，就怕货比货。"在认识过程中，只有把真、善、美、精、优同假、恶、丑、粗、劣做一番认真的比较、鉴别，才能准确舍弃假、恶、丑、粗、劣的东西，才能科学保留真、善、美、精、优的东西。

科学的比较、鉴别是在实践中进行的。只有在实践中比较、鉴别出真假、善恶、美丑、精粗、优劣，才能泾渭分明地抑恶从善、贬丑褒美、弃劣择优，也才能切实有效地去粗取精、去伪存真。

画鬼怪最易

战国时期，是中国古代思想史上的一个繁荣期，人们用"百家争鸣"来形容当时思想论坛的活跃。这个时期，绘画艺术也有了长足的进步，人们对于写实和虚构都有了一定的理解。《韩非子·外储说左上》记载的这个故事就从一个角度反映了这种理解。

齐国曾一度成为当时的思想中心，稷下学派汇聚了许多著名学者。齐王对于绘画也很爱好，王宫中供奉着许多画师。这天，齐王同一个画师谈论起绘画的事。齐王问道："你认为什么是最难画的？"

画师说："画狗、画马之类最难。"

齐王又问："那画什么最容易呢？"

画师说："画妖魔鬼怪之类最容易。"

齐王不解地说："像狗、马之类的动物，我也能画几下，虽然画得不太像。而妖魔鬼怪之类我从没见过，不知道该怎么画。"

画师说："狗、马之类的动物，人们都熟知，画得像或不像，人们都能看得出来，而谁也没有见过妖魔鬼怪，所以随便你怎么画，人们也不能说画得像或不像。因此说画狗、画马难，画鬼怪容易。"

从真理的客观性来考察，画师这番话是很有道理的。画家笔下的狗、马、妖魔等，作为通过形象思维创造出来的艺术典型，都是第二性的东西，属于主观认识的范畴，这是它们的共同之处。但是，画狗、画马同画妖魔相比，又具有根本的、原则的区别。画中的狗和马必须同现实的狗和马相一致；画妖魔则不然，可以由人随意画来，无论青面獠牙也好，三头六臂也好，谁也不能证明它不是妖魔。

从哲学高度来分析，真理之所以是真理，最根本的在于它是一种和客观事物及其规律相符合的认识，在于它包括不依赖于认识主体、不依赖于人类的主观意识而存在的客观内容。同样道理，画家笔下的狗、马等形象，作为同客观事物本质上相一致的艺术典型，是真理性认识的一个表现；而人们虚构的鬼怪观念则属于谬误性的认识。

"画鬼怪最易"启示我们：真理是客观的，真理的根本属性在于它的客观性。

第五章
发现：哲学家的心灵世界

用美好的心灵看世界，就是用积极的态度面对生活，多一份感恩，少一份抱怨。不要总抱怨命运的不公，不要总认为自己拥有的太少，生命对于每个人都是公平的，拥有生命，快乐地生活，这已是上苍最大的恩赐。

半费之讼

古希腊哲学家普罗泰哥拉收了个叫埃瓦特尔的学生，并教授他论辩术。两人签订了一份合同，声明学费要在埃瓦特尔学成当上律师，并且在第一次出庭打赢官司以后再交。

埃瓦特尔学成以后，由于种种原因一直未能做辩护律师，把交学费的合同完全忘在了脑后。普罗泰哥拉不得已决定起诉他的学生，并对埃瓦特尔说："如果你在这场官司中胜诉了，你就应按照合同交学费；如果你败诉了，就必须按照法院判决交学费。所以，不管胜诉还是败诉，你都要交学费。"

埃瓦特尔想了想回答说："老师啊，您错了，不管这场官司胜败如何我都不用交学费。如果我胜诉了，根据法庭判决，我不用交学费；如果我败诉了，那么根据合同我第一次出庭打赢官司以后才交学费，所以我也不用交学费！"

这就是哲学史上著名的"半费之讼"。

到底该不该交学费呢？交学费与否只能用一个标准来判定，要么是法庭的判决，要么是两人签订的合同。问题就出在普罗泰哥拉和他的学生混淆两个不同的标准，都为自己进行诡辩。

　　普罗泰哥拉是智者学派的代表人物。当时，希腊雅典的民主制度正在衰落，每个公民自行其是，决定国家大计时常常陷入莫衷一是的尴尬境地。公民大会上表达政见的慷慨陈词、陪审法庭上明辨是非的唇枪舌剑变成了争争吵吵、歪曲事实的伎俩，变成了党派斗争的工具。最终，雅典输掉了和斯巴达的伯罗奔尼撒战争，从此一蹶不振。智者学派的兴起与衰落和雅典的衰落紧密相连。智者学派就以传授演讲术为职业，所以最初深受雅典人的欢迎。但是，从一开始，智者们就注重论辩的技巧，而忽视论辩的内容。后来更是完全不顾事实，一味颠倒黑白、混淆是非、为我所用，堕落成无聊的文字游戏和诡辩。最终，智者成了诡辩家的同义语，在历史上声名狼藉，被认为是雅典衰落的原因之一。

　　在有些人眼中，哲学就是横说有理、竖说有理、怎么说都有理的诡辩。这其实是一种误解。实际上，真正的哲学家是非常痛恨和鄙视诡辩的。柏拉图就把智者们比喻为"批发或者零售灵魂粮食的商人"，亚里士多德则认为"智者的学说是一种貌似哲学而并不是哲学的东西""智者的技术就是毫无实在内容的似是而非的智慧，智者就是靠一种似是而非的智慧赚钱的人"。

愚昧的人永远生活在"洞穴"中

　　"理念论"是古希腊哲学家柏拉图对人类最大的贡献，"理念"指理性实体可以离开物质而独立存在，是绝对的。与理念相对应的是现象，现象则是变幻不定的物质世界，是相对的。

柏拉图把人类生活的世界比喻成一个阴暗的"洞穴"，理念就是洞穴外面的"太阳"。愚昧无知的人喜欢生活在无知的"洞穴"中，觉悟的智者们则不然，他们历经种种磨难，去追逐洞穴外面的"太阳"——理念。

柏拉图对阴暗的"洞穴"和光明的"太阳"是这样描述的：

走进洞穴的入口，是一条漫长的黑暗的通道，人背对着太阳前进，随着进入的深度，太阳的光变得越来越微弱。洞穴深处是一排自幼就面壁的囚徒，他们的脖颈和双腿都紧紧地绑着，既无法转头也不能走动，只能望着洞穴的壁。而距离他们不远处的高一些的地方，燃烧着东西并发出亮光。

这些囚徒的身后，是一堵低矮的墙，这道墙的作用就像木偶戏演员在自己和观众之间设置的一道屏障。矮墙的后面有一条平行于矮墙的道路，来往的行人双手举着器物，这些人就像举着木偶的艺人，自己的身体隐藏在矮墙的下面，而木偶则高出矮墙。火光会把他们的影像投射到囚徒面对的墙壁上，囚徒们看到这些影像，误以为自己看到的阴影是真实的物体。倘若有人发出声音，洞穴内就会出现回声，面壁的囚徒就以为是墙壁上移动的阴影发出的声音。

这些人为什么甘愿牢牢被束缚在这个地方，过着悲惨的生活而不愿去摆脱呢？这是因为"他们身上存在着固有的偏见，加之外界传递给他们的偏见，导致他们把偏见当成常态化"，所以也就变得顺理成章了。尽管他们的生活处境很可悲，由于无知和固执，他们并不希望离开这种被囚禁的处境。一旦把他们释放出来，看到影像的实物，他们的双眼会因突然接触阳光而失明，因此他们认为影像比具体的实物更加真实，视觉上也更加舒服。

对他们而言，解脱的过程是痛苦的，有种被强迫的感觉，他们会因此而发怒。他们不想面对或没有勇气面对火光后面的真实物体，却执拗地认为影像就是实际物体，甚至连产生离开的念头都没有，他们还会杀掉那些试图带他们离开的人。他们的处境已经够悲惨的了，更为可悲的是，他们却对这种处境习以为常，不想去改变也不想做出任何行动。

生活在洞穴中的人是可悲的，如果某个人想走出洞穴，告别这种生活，必须经过一番艰辛的历程。首先是"阴影最容易看见"，其次是"人和物体映入水中的倒影容易看见"，再次是"看到产生阴影的物体"，最后是"直接看到太阳及真实的物体"。这个人走出洞穴，过上正常人的生活后，如果他回忆洞穴里的生活以及被囚禁的伙伴们，他会为自己的变化而感到庆幸，为同伴们还执迷不悟而感到遗憾。在现实生活中，他会忍受各种痛苦，不去想昔日那种无知、黑暗的囚徒生活。如果他返回以前生活的洞穴，会遭到同伴的讥笑和排斥，但他不会在意，他会想尽一切办法去解救那些仍被囚禁的同伴，逐步使他们和自己一样，走出昏暗的洞穴，认识太阳等其他物体的真实面目。

也许，对那些终日生活在洞穴中、心灵苍白的人来说，洞外的另一番景象，他们认为是无稽之谈。他们会与进入洞穴中、拯救他们的人进行较量。由于他离开阳光，进入洞穴，眼睛无法适应黑暗，他可能会被他们打败，并遭到他们的嘲笑，嘲笑他的眼睛在上面被弄坏。在他们面前，他是一位先知，为了拯救他们，把他们带向光明，他可能会付出生命的代价。

"爱智者"与"爱意见者"

柏拉图把人的认识分为三个不同阶段，第一是"知识"，第二是"意见"，第三是"愚昧"。"知识"是认识的最高阶段，第二阶段才是"意见"。

有一次，柏拉图和朋友大谈特谈起知识和意见的区别来。柏拉图说，一个人认识了美的事物，并不等于有知识，因为这种对美的事物的认识，还仅仅是一种意见，不是知识；只有认识了美本身，才能称为知识。知识以真实存在的东西为对象，意见以存在与不存在之间的东西为对象。说到这里，朋友糊涂起来，说，知识以真实存在的东西为对象，我还能明白，但是，意见以存在与不存在之间的东西为对象，这怎么解释，难道还有介乎于存在与不存在之间的东西吗？柏拉图笑了起来，说，知识是真实的存在，无知和愚昧则是不存在，意见既不是知识，也不是无知和愚昧，它正是知识和无知中间的那个东西，现在，让我给你讲一个谜语来说明它。

从前，在宫廷的宴会上，常常猜谜语助兴。有这样一个谜语：一个不是男人的男人，看见又看不见，用一块不是石头的石头，打又没有打站在一根不是棍子的棍子上的不是鸟的鸟。客人们觉得谜语很奇怪，猜了一会儿，谜底出来了：一个独眼太监用一块浮石打却没有打中一只站在芦苇上的蝙蝠。这个谜语的话说得含含糊糊，有两个意思，叫人既不能采取这个意思放弃那个意思，也不能同时肯定这两个意思，又不能不采取这个或那个意思。像这样的谜语，是小孩子们最喜欢猜的，它不是知识的对象，只能是意见的对象。

　　柏拉图最后说，这些东西怎么能成为知识呢？哲学家研究的是知识，而不是意见。因此，只有哲学家才能称为"爱智者"，而那些普通常人只能是"爱意见者"，他们只和意见打交道。这就是我要说的知识和意见的区别。

吾爱吾师，吾更爱真理

　　人们常常说，科学是追求真理的事业。其实，哲学更是追求真理的事业。在哲学面前，并没有谁是绝对的权威，也没有谁的理论是真理的专卖店，每个人只要有理有据，就可以否定任何人的观点。勇于坚持真理，敢于否定权威，善于突破传统，是哲学的座右铭之一。亚里士多德就是坚持这种哲学精神的哲学家典范。

　　亚里士多德是柏拉图的得意门生。从 17 岁开始，亚里士多德就进入柏拉图学园，追随老师长达 20 年之久。亚里士多德对老师十分崇敬，柏拉图也十分欣赏这位高徒，两人保持着一种亦师亦友的关系。亚里士多德甚至写过一首诗，来专门表达对柏拉图的敬意——

　　在众人之中，他是唯一的，也是最纯洁的。

　　……这样的人啊，如今已无处寻觅！

　　但是，在学术上，亚里士多德并不唯老师马首是瞻，一味盲目接受柏拉图的理论，而是坚持独立思索，勇敢地表达和老师不同的意见，常常批评老师的错误和缺点，最后甚至和柏拉图产生了严重的分歧。于是，有些人就指责亚里士多德背叛老师，亚里士多德说："吾爱吾师，吾更爱真理！"——这是一句至今仍然常常被引用的格言，是哲学家追求真理最著名的誓言。

柏拉图理论的核心是"理念论",而亚里士多德与此针锋相对,提出了"实体说",反对"理念论"。柏拉图认为,我们感觉所见的世界并不是真实的世界,感觉世界之后有一个永恒不变的理念世界,感觉世界是理念世界的摹本和影子;要认识世界,就要认识事物的理念。亚里士多德则认为,柏拉图的理念论,不但不能解决问题,反而使问题变得更复杂。他认为,感觉所见的具体世界才是真实的;在日常看到的人和马之外,还要假定另外存在一个比人和马更真实的人和马的"理念",是毫无用处的。

除了"实体说",亚里士多德与柏拉图思想分歧的地方还有很多。不管哲学的歧见有多少,柏拉图仍对亚里士多德喜爱无比,称他为"学园之灵",这也说明了柏拉图对独立思考的哲学求真精神的认同。柏拉图死后,亚里士多德悲痛万分,却也声称智慧不会随着柏拉图一起死亡。

走自己的路

在文艺复兴时期,但丁第一个提出了"政教分离,反对教皇干涉政治的主张"。在他的著名作品《神曲》中,就把教会和国家比喻成了两个太阳,教会代表的是精神世界而国家代表的是尘世生活,可见在但丁看来,教会和国家是不能融为一体的。

但丁极度痛恨那些从事买卖圣职、敲诈勒索等肮脏无耻的勾当的僧侣,他称他们是"披着羊皮的狼",整天用自己的伪善来麻痹人们的思想。于是,他常常把那些死去的教皇和僧侣打入罪恶无底的地狱,让他们死后的灵魂也要在地狱接受严厉的惩罚。比方说,他就曾经把勾结法国破坏意大利统一事业、干涉佛罗伦萨内政的在世教皇打入第八层地狱，但丁严厉抨击他是"把善良的踩在脚下，把凶恶的举到头上"。而但丁的这些举动，在当时被教皇和教会所统治的意大利，确实是一种难能可贵的行为。假如但丁没有自己的主见，思想受到当时教会的钳制，那么但丁也就不会成为后来反教会和宗教改革的先驱。

此外，但丁对当时封建统治阶级的丑恶行为，对那些剥削人民的豪门显贵以及贪官污吏也进行了无情的揭露。

在当时黑暗的社会中，但丁始终歌颂自己的理想，而且始终对生活充满强烈的兴趣。他认为作为高级动物的人类有自己天赋的理性和坚韧的意志，不像禽兽那样无知，人的生活目的就在于追求这些至善至美的东西。然而，但丁这种崇尚自身价值观的思想与当时宗教神学竭力否定人的价值的宣传是格格不入的，但是，但丁坚持了自己的理想和主张。

但丁认为，自身的理性和意志是"上天的馈赠"。对于坚守个性，但丁的一句千古流传的名言就是："走自己的路，让别人去说吧。"他的这句名言对我们人生的启迪也是不言而喻的。

我们在为人处事过程当中，很多情况下是按照别人的意见去行事，经常缺乏自己的主见，认为别人说的都是对的，甚至有时候还会顾虑假如做了这件事情别人会怎么想。如果总是这样的话，那么就永远不会走出属于自己的道路，踩着别人脚步走路的人永远不会留下自己的脚印。而那些真正成功的人士永远都有自己的主见，他们是不会轻易相信别人的，只要自己是正确的，不管别人怎样贬低他们，还是会坚持走自己的道路。

　　因此，我们在生活和工作中，不管做什么事情，都不要轻易被别人的话左右，我们要坚信自己的力量，要始终坚持自己的目标。每个人都是世界上独一无二的，所以每个人也都会有属于自己的道路，不要理会他人，否则别人的眼光和看法会束缚你前进的脚步。

　　当你要追求自己的梦想时，即使你身边的每一个人都在横加指责你的无知，给你做思想工作，也不要放弃自己的梦想，坚持走自己的路，即使失败了也不要后悔，因为你已经在失败中成长了。

　　总之，人有时候是需要一点执着的。做事只要对得住自己的良心，不管你的行为将会给你的事业带来多少不利的影响，你也要坚持做人的原则。别人说什么就让他们说去吧，只要问心无愧，就坚持走下去！

因为荒谬，所以信仰

　　人们为什么会有信仰？信仰是有理由的吗？对这个问题存在两种截然不同的观点：一种观点认为，信仰是需要理由和证明的——"要我信教，那好，你给我证明一下上帝的存在"；另一种观点认为，信仰是超越理智的，是不需要理由的——"上帝是存在的，难道这还需要证明吗？"

　　从哲学上看，对上述问题的不同理解，实际涉及人类理性与信仰的关系问题：究竟是理性优先还是信仰优先呢？关于这个问题，一些人认为，应该把信仰与理性调和起来，让理性为信仰服务。这种观点对哲学、科学等领域的研究是宽容的，只要这些研究能够证明信仰的必要和上帝的伟大。实际上，近代许多哲学家、科学家都是教士，他们研究的一个主要动机就是通过证明自然界的完美来证明上帝的伟大。与之相反，另外一些人认为，有理性就没信仰，有信仰就无须理性，必须把信仰与理性彻底分开，信仰是不需要理性分析的，也是无须理由的。德尔图良是这种观点的典型代表。

150 年，德尔图良出生于非洲北部的迦太基城。德尔图良早年过着花天酒地的放荡生活，30 岁之后，被基督教徒为了信仰视死如归的壮举所感化，毅然放弃了世俗生活，皈依了基督教。

德尔图良皈依耶和华之后，运用自己的聪明才智和雄辩口才，不遗余力地与各种反基督教的观点做斗争，捍卫基督教，成为著名的基督教哲学家。据说，德尔图良心高气傲，咄咄逼人，被人称为"非洲铁头"。

在德尔图良看来，信仰和理性尖锐对立，根本无法调和。他说："雅典和耶路撒冷是毫不相干的。"这里，"雅典"隐喻古希腊哲学，它是理性的代名词；而"耶路撒冷"隐喻基督教，是信仰的代名词。信仰高于理性，理性是毫无价值的，哲学是"魔鬼的学说"，所有的哲学家都应该送去喂野兽。有了耶稣基督之后，就不再需要那些哲学家的奇谈怪论了；有了福音书之后，就不再需要任何探索和研究了。德尔图良曾说过："上帝之子死了，虽然是很荒谬的，却是完全可信的；上帝之子被埋葬后又复活了，虽然是不可能的，却是确定无疑的。"换句话说，他认为："正因为荒谬，所以我才信仰。"也就是说，信仰是超越于理性的，在理性看来荒谬的东西（比如上帝）是无法用理性来把握的，只能用信仰——"我相信上帝，因为我无法证明他。"

人创造了神

在信徒们看来，人是神创造出来的，人的一切都在神的安排之下。在哲学上，有一种与之完全相反的观点，即神是人创造出来的。这种思想在哲学史早期就已经出现了。据说，古希腊哲学家色诺芬尼就表达过这种观点。他嘲笑世人把神描绘成人的样子，还抨击古希腊诗人荷马和赫西俄德把人类的种种丑行和罪恶强加在神的身上。《荷马史诗》和赫西俄德的《神谱》中记载了大量的希腊传说，其中的神和人一样说谎、暴躁、偷情、贪吃……人有的缺点神几乎都有。色诺芬尼说，如果马和狮子也能够雕刻神像的话，那它们一定会创造出马形和狮形的神来。

在哲学史上，对"人创造神"阐述得最详细的是德国哲学家费尔巴哈。费尔巴哈是黑格尔的学生，马克思称他"在黑格尔时代以后起了划时代的作用"。

在《基督教的本质》中，费尔巴哈提出："人是人的上帝。"这句话的意思是说，"上帝"其实是人类从自己的属性抽象出来的，被人类加以夸大和人格化，被当作一个独立于人类，又超越于人类的实体来膜拜。所以，与其说是上帝创造了人类，还不如说是人类创造了一个上帝。

费尔巴哈认为："宗教就是欺骗！世界上第一个说谎者就是神学家！"在他看来，人的宗教感情不是天生的，人没有天生的宗教器官，既不能用眼睛看见上帝，也不能用耳朵听到上帝，上帝的观念是后天灌输出来的。

为什么人要制造一个上帝呢？费尔巴哈说，这是无知、恐惧和感恩情绪的结果。因为无知，世界中有太多不确定的因素人们无法理解，因此人会产生恐惧，并猜测世界背后是不是有某种神奇的力量在操纵着万物。自然为人类的生存提供了物质条件，所以人对此产生了感恩的情感。恐惧和感恩交织在一起，使人产生了依赖感，依赖感是一切宗教的基础。人总是需要寻找强大的东西作为依靠，依靠自然、依靠君主、依靠国家、依靠上帝，都是依赖感的结果。

进一步而言，费尔巴哈认为，人之所以会有依赖感，是因为人有欲望和需要。如果没有欲望，人就不会依赖任何其他的东西，不会崇拜任何其他的东西。欲望是无止境的，永远不会得到满足，因此欲望与能力、想象与现实总是有巨大的差距。在真实世界中，人们无力解决这些差距，只好幻想超自然的力量，幻想有天堂的存在，幻想有上帝能消除世界的不公平。的确，各种宗教中对天堂的描绘，都有着现实世界的影子，都是某种意义上的理想世界模型。

费尔巴哈虽有力地批判了宗教，但并没有全盘否定宗教的价值，而是主张用"爱的宗教"取代旧宗教——"我们必须把对人的爱当作唯一的宗教，来代替对神的爱。"

如果教皇有罪，也要受到审判

威廉·奥卡姆（1285～1349年），出生在英国苏莱郡的奥康村，起初求学于牛津大学，后移到巴黎大学，并成了司各脱的学生，是中世纪英国经院哲学家，唯名论者。

1328年，被教会残酷迫害的奥卡姆逃出了监狱，投奔到德国路德维希·巴伐利亚国王那里，对国王说："你若用剑保护我，我将用笔保护你。"

奥卡姆生活的时代，宗教神学、教权正处于开始衰落时期，这时的教会极其腐败，因此，反对封建教权的斗争也愈加激烈。

奥卡姆为了反对腐败的教权制度，研究了国家的起源问题。他认为国家是通过人类社会共同契约建立起来的，建立国家的目的是保护人民的共同福利。国家的权力必须委托给大家同意的人，如果当权者触犯了共同的福利，人民有权力反对他，并把他的权力转交给他人。因此，奥卡姆提出，教皇的权力不是上天赋予的，他并不直接代表上帝。如果教皇有罪，不仅要受到宗教的审判，还应受到世俗的审判。教权与王权应该分开，教皇没有理由也没有权力把俗界统治权赐给君主，教会只能管拯救灵魂的事，教会不得干预世俗事务，人世间的一切权力都属于国家。

奥卡姆公开反对教皇，批判教权制度，遭到教会的迫害。1324年，教会逮捕了奥卡姆，把他投入阿维农的监狱，接着禁止他的书发行，并革除了他的教籍。但是，奥卡姆并没有屈服，他逃出了监狱，跑到了当时和教皇对立的巴伐利亚国王那里。此后，他更加猛烈地抨击教皇和教权制度，这种思想影响了一大批人，不久，奥卡姆创立了自己的学派，扩大了反对教皇和教权制度的队伍。

乌托邦

今天，乌托邦这个词成为人们的常用词，用来指过于完美但不切实际的事物。这个词是英国哲学家托马斯·莫尔在《乌托邦》一书中杜撰出来的。虽然从诞生至今还不到 500 年的历史，可是乌托邦已经为全世界的人民所接受，这从某个侧面反映了人类对美好未来和正义社会的永久期待。

1478 年，莫尔出生于英国伦敦一个法官家庭。1492 年，莫尔进入牛津大学攻读古典文学。在此期间，他学习了希腊文，阅读了大量哲学著作，柏拉图的著作对他产生了巨大影响。在牛津大学，莫尔结识了"文艺复兴之子"伊拉斯谟，并成为一位坚定的人文主义者。

后来，莫尔的父亲认为从事古典文学研究和创作没什么前途，便让他改学法学。莫尔学成以后，成为一名律师，由于他精通法律，被大家称为"头等律师"。1504 年，26 岁的莫尔被选为下议院议员。同年，因为得罪了国王，莫尔辞去了公职。

1509 年，亨利八世继位，莫尔重返政界。1510 年，莫尔担任了伦敦司法长官。从此，莫尔仕途得意，直至 1529 年被任命为英国大法官，成为当时英国最显要的人物之一。

后来，莫尔在国务活动中坚持己见，亨利八世对他甚为不满。由于不赞成亨利八世与宫女安娜·宝琳的婚事，莫尔于 1532 年辞去了大法官职位。两年后，亨利八世迫使议院通过了"继承法案"和"至尊法案"，莫尔因拒绝承认这些法案而激怒了亨利八世，被关进伦敦塔。1535 年，莫尔以叛国的罪名被送上断头台。在断头台上，莫尔视死如归，他小心地把自己的大胡子挪开，并带着讽刺的语气轻声说道："这也要被砍掉，可惜啦，它可从来没有犯过叛国罪。"

莫尔于 1516 年出版的《乌托邦》是一本游记小说，以一名叫拉斐尔·希斯拉德的葡萄牙水手的口吻，批判了现实社会的诸多弊病，描述了现实中不存在的乌托邦岛上的社会状况，表达了自己的政治社会理想。

主人公拉斐尔对统治阶级的专权残暴和厚颜无耻予以了辛辣的嘲讽，对广大民众的悲惨处境予以了深切的同情，揭示了当时英国社会的社会矛盾。

他集中攻击了当时正在进行的"圈地运动"，称之为"羊吃人"的灾难。拉斐尔说："你们的绵羊，曾经是那样容易满足，据说现在开始变得贪婪而凶蛮，甚至要将人吃掉。"他还认为，"除非彻底废除私有制，财富的平均分配才能公正，人类的生活才能真正幸福"。

拉斐尔所乘的船在海上遭遇风暴，漂流到一个不知名的乌托邦岛上。拉斐尔对乌托邦人的社会制度极为赞赏，仔细描述了乌托邦人的社会状况。

在经济方面，乌托邦实行财产公有，所有产品公共管理，按需分配，乌托邦人的生产、分配和消费都按计划调节。在乌托邦，人们免费享用公共食堂的饮食服务和公共医院的医疗服务。这里没有货币，不存在商品流通，人们把金银视如粪土。每个乌托邦人都要参加农业劳动，农业在整个经济结构中处于基础地位。除从事农业外，每个乌托邦人还要学习一门手艺，比如毛织、瓦工、冶炼等。

在政治方面，乌托邦实行民主制度。除奴隶之外，每个乌托邦人都有权参加选举，通过全岛大会和议事会选举官员，真正当家做主。那些试图通过操纵选举来获取官职的人，根本没有希望在乌托邦做官。乌托邦的奴隶来源于两个方面，一部分是在国内犯了重罪而被罚为奴隶的人；另一类是在国外犯罪而被判为死刑的犯人。乌托邦几乎没有法律，也不存在律师，由人们自理诉讼，法官也能够熟练地权衡各种供词，并做出恰当的判决。

在科学文化方面，乌托邦人注重全体人民的科学文化水平，鼓励学术研究。

在社会生活方面，乌托邦人平等、互助、融洽、友爱，整个乌托邦岛就像一个和谐的大家庭。

在宗教方面，乌托邦人采取宽容的态度，坚持信仰自由。

在对外关系方面，乌托邦人坚持和平友好，但在必要的时候也不会拒绝战争，甚至会去发动战争。

生命是不断创新的过程

生命有意义吗？

什么是所谓的自我？

我们从哪里来，又到这里去？

这是生命个体极为困惑的问题，也是需要回答的问题。

佛教传入中国后，至唐宋，佛教中独具特色的禅宗宗派达到鼎盛。它融佛陀、庄子、孟子的思想于一炉，创立了中国化的禅宗。

禅宗中，有一种著名的公案参悟形式：

一次，唐代一位叫马祖道的禅师，在弟子水潦和尚问他讨论佛法的根本意义是什么时，用脚踢倒了他。

后来，水潦和尚从地上爬起，突然拍着手大笑着说："多么奇怪！多么奇怪！世上一切形式的真谛，竟在一根发尖上，而我把它的秘密了解到了最深处。"

在普通人看来，这是奇怪，甚至荒唐的事情。实际上，当水潦和尚说"一切形式的真谛在一根发尖上"时，他其实已经在用全新的眼光看待现实了。他的生命处于无心无我之境，已顿悟到生命的真谛。

这顿悟，乃是他的生命又进入了一个新的层次。

禅宗认为：佛与众生是同一心的两面，佛是心悟的一面，众生是心迷的一面，以迷于自心的本性去悟自心的实性——即佛性，就是成佛。也就是说，人人都有自性和自心，心性中有善根、佛性，一心向善，便生智慧，一念向恶，便入地狱。禅宗做的就是以自性去体悟佛性，进而生出智慧，使生命不断更新。

禅宗有这样的故事：

从前有一位将军去拜访白隐禅师，问："天堂和地狱真的存在吗？"

白隐禅师听后，没有直接回答，反问道："你是干什么的？"

"我是一位统领千军万马的将军。"

白隐禅师听后，非但没有对将军产生敬意，反而哈哈大笑，说："请你当将军的人是个笨蛋。"

将军听后，有些不高兴。

白隐禅师继续说："你看起来更像一个屠夫。"

白隐禅师的话一下子把将军激怒了，立马拔出宝剑，说："岂有此理，你竟敢侮辱我，就不怕我杀了你吗？"

白隐禅师毫无惧色，指着他说："地狱之门，已经打开了。"

这位将军还算聪明，一下子醒悟过来，说："我的行为实在太鲁莽了，请禅师原谅。"

白隐禅师又说："天堂之门，已经打开了。"

禅宗认为，成佛的关键在于自身的善性，不断体悟这善性，就是佛。而成佛不在于形式，而在于平常心的悟，禅师们经常在弟子提问时会突然问道："你吃过粥没有？"弟子回答之后，他会说："去把碗洗洗。"

在一些极细小的事上去体悟佛义，这使禅师们的生命总是显露充沛的生命活力和刚强之美，他们整个生命和生活的过程都是不断地挖掘善心和生出智慧的过程。

应该说，富于生命活力的禅宗以其对个体生命智慧的尊重和体悟，为生命开拓了新的境界。这对于现实生活中的人们也不无启发，如何在现实之中去体悟智慧，使自己的生命永远充满活力和创造力，这是实在而又极富意义的。如此，我们就不会过分执着于前面提出的那些浮面的问题，而是于平常的事物中不断感悟，不断超越。

安之若命是上佳的选择

现实人生充满无奈，许多因素困扰着每一个人，有些人在无望之际，接受命运的安排。人是有智慧的高级动物，庄子不主张做命运的奴仆，听任命运的安排，而是要顺应自然的本性，挣脱内外重重的障蔽，使心灵得到开拓。

关于这一观点，《庄子·秋水》中有这样的故事：

孔子出游到了匡邑，宋国人包围了他，但孔子弹琴歌唱的声音还是没有停息。子路跑进去谒见他，说："怎么老师还这样的快活呢？"

孔子说："来，我告诉你。我想摆脱穷困的境遇已经很久了，却还是免不了，这是天命啊。我想寻求通达的命运也已经很久了，却还是得不到，这是时运不济啊。碰上了尧舜那个时代，天下就没有失意的人，这并不是人们的智慧使他们得意；碰上了桀纣那个时代，天下就没有得意的人，这也并不是人们的智慧使他们失意。是时势恰好使他们这样的。那在水里行走不避蛟龙的，是渔夫的勇敢；在陆上行走不避犀牛老虎的，是猎人的勇敢；白晃晃的刀子架在面前，看待死就如同生一样的，是烈士的勇敢；知道穷困自有命，懂得通达应有时，临到大难而无所畏惧的，是圣人的勇敢。仲由，少安毋躁吧！我的命运自有定分哩。"

不一会儿，带领甲士的将官进来了，抱歉地说："我们以为您是阳虎，所以把您围了起来；现在才知道您不是的，非常抱歉，我们走了。"

孔子被误认为阳虎而被围于匡邑，《论语》中亦有记载，当时孔子确实曾经鼓瑟而歌，但并非安于命运，而是出于对其仁道理想的确信。在庄子这里，孔子被用来作为其对待命运态度的现身说法，自是不待说的。

在这个故事中，不难看出庄子"安之若命"的实质内容：

其一，安之若命是以心灵对于外部世界的清醒认识为基础的。没有心灵的辨察力量，所谓安命，也不过是听任命运摆布的空话而已；

其二，顺其心灵本性的自然，承受外部的苦难重压，不是退避，实是一种勇敢之行为。

其三，安之若命是心灵自由得以实现的逍遥之境，因为，不为环境所羁的心性，确实可以超越因之引起的悲伤、沮丧以及困惑。这样，外物莫之能伤，心灵的开拓才得以实现，生命也就处于逍遥之境了。

理智存在于人的欲望之中

良心并不能够随时随地完成抑制、统摄欲望的任务，这应该是显而易见的。

让自我而不是社会规范来作为每个个体生命的法官，无疑，任何时候，这都是对自我的严峻考验。

所以，孔子才说："刚毅木讷近仁。"他的意思是，刚毅、坚强、执着的决心是实现仁和接近仁的保证，是抵制不良欲望诱惑的本领。

《史记·孔子世家》记述了孔子这样一件事：

孔子离开卫国，在匡邑被围，无奈，只好返回。卫灵公的夫人南子，派使臣对孔子说："想与国君做兄弟的，必要见见我。南子愿意接见孔子。"

不得已，孔子就去见南子。

南子在帷幕里边。孔子进门后施礼。南子还礼时，佩戴的玉器叮咚作响。

回来后，孔子说："我是不愿意去见她的。既然见了，就以礼节应答。"

子路很不高兴。孔子发誓说："我要是有不对的地方，天抛弃我！天抛弃我！"

在卫国住了一个月，后来，卫灵公与南子乘车，宦官驾车，让孔子为陪乘，在大街上招摇过市。

孔子觉得这很羞耻，说："我没有见过像好色那样喜欢仁德的。"

于是就离开了卫国。

这件事，一般为儒者所讳。但实际上，孔子此举倒也表明他仍是现实中人，而不是如惯常描绘的不可近之的至圣，这于孔子并无大损。

这件事的始终，可说是根本不符合孔子的修养和人格理想的，虽迫于无奈，但终究也未能避免。在这里孔子所说的"刚毅木讷"的理论未能起到作用，孔子的感慨不能说没有道理。

生活在复杂的、现实利益构成的物质世界，完全杜绝追逐利益的欲求，对于个人来说，不仅不可能，也是极不现实的。

孔子作为儒家的开创者，其可贵在于，能够在人对欲望、地位的追求中时时唤醒自己的理智，让仁爱的道德理想在此考验中自省自制和自我调整。

在《论语·公冶长》中，孔子又说："算了吧！我没有看见过这种人，能够看到自己的错误便做自我批评的。"

孔子所说的，是我们都不免会流于世俗，既生活在现实中，就可能随时会陷入现实的欲望而迷惘。关键在于：我们必须能够时时自省，以居于人格修养的道德力量，在现实的追求中不失去真实的自我。

完全杜绝欲望的人是不存在的，或许还是一种不道德。但是，一味陷进现实的欲望之海而不知自拔、不能自拔者，也终是与真正的人生相去甚远的。

孔子说："君子役使外物，小人被外物所役使。"他的意思是，真正的君子是知道理智与欲求的界限的，他能够在欲求中施之以理智，把握自己而不被外在的欲求所淹没。

关于对待欲望，荀子有段著名的论述："性是生成的，情是性的本质，欲望又是因情对外物的感应而产生的。认为欲望可以得到而去追求，这是人之常情，是不可避免的；认为自己的欲望是对的，从而想方设法去达到它，也是人的智慧所做出的必然选择。"

对待欲望的正确态度是：在进取的条件下尽量使欲望得到满足；在退步的状态下，努力节制自己的欲望，这是对待欲望最好的原则。

用本性中的善，去克制现实中的恶

德行的培养，亦是培养至善之心。在中国文化中，如庄子似的偏激，让人丢掉一切俗世的享乐而入至德之境，实是无奈之后的解救之途。

人类赖以生存的永远是所谓的现实，人类生活的世界，种种物质的、观念的冲击或刺激，常常成为牵引人类的惯性力量，在这外在力量的影响下，人有时会不知不觉地丧失德行。

现实主义的儒家文化，可谓深知此点。在儒家看来，人是摆脱不了现实的，但儒家同时也认为，人可以用善的修养来对抗现实，并以善的力量来克制现实的恶。

因为，善是我们的本性，是生来就有，不需外人给予的。孟子以为关键在于我们探索不探索它。孟子说：一经探求，便会得到；稍一放松，就会失掉。

孟子曾讲过这样一个故事：

有个村里的闲汉专爱偷邻居的鸡，一天偷一只，不偷就心中焦虑，手直发痒。

相识的人劝他说："这不是君子所应当做的，这违反了做人的道德。"

偷鸡者就说："好吧，我从今以后一个月偷一次，这样减少一点，到明年，我就可以不偷了。"

孟子的意思是，对于自己的行为，要随时随地进行审视，如像偷鸡者，明知是错，却不用内心的善去克制恶，反而为恶的改变讨价还价，这样本性终会丧失，进而与禽兽无异了。

困惑人们的许多问题之一，就是善与恶的难解难分，大善大恶容易分清，但平淡细碎的考验却时时使人感到苦恼，因为善与恶在生活中的区别取决于人的良知或良心。无休止地刺激以及物质欲望，常常使所谓的良心麻木而趋于沉睡，待时日久远，唤醒它就比较艰难了。

况且，在物质欲求、时尚潮流的影响下，我们总能为良心的解脱找到理由，到最后，我们会逃避良心的谴责，或与之讨价还价；这时，善良之心殆散，而人也就没法逃避自己了，因为他害怕与自己的良知见面。

对于每一个人来说，发现并寻求本心的善，亦是人生的根本之点。由此，方能升华出所谓的同情、羞耻、恭敬之心，方能以良知辨善恶，进而以善对抗和克制恶。

人生本来没有悲伤

如果我们求得的是心灵的虚境，满足的仅限于我们的精神，追求的是自然的大道，那么在道家看来，这是不会有什么悲伤的。道家对个体生命来说，其达观对心灵所产生的影响，是一种积极的生活理想的建立，这种把人的精神提升到超脱尘世的努力，对中国人，应说是很值得珍视的。

《列子》中讲述了一个这样的故事：

有一个人，出生在燕国，后来移居楚国，然而随着年龄增长思乡之情与日俱增。眼看到了晚年，他再也不想在楚国住下去了，就邀了同伴，带着家眷和财物返回故乡。

路过晋国时，同行的人指着晋国的都城哄骗燕人说："看，这就是燕国的都城！"燕人立刻望着晋国的都城肃然起敬。车子到了城郊，同行的人又指着一座祭祀土地神的庙宇说："这就是你们乡里的社庙。"燕人不禁连连感叹说："人生真如白驹过隙，当年辞别故乡好像就是昨天的事，然而转瞬之间几十年过去了。如今我终于又回来啦！"同行的人又随手指着远处的一个农家院落说："看！那就是你的父辈居住过的老房子。"燕人激动地流下眼泪，低声哭泣起来。最后，同行的人指着一片墓地说："那块墓地就是你祖先安息的地方！"燕人一听，不禁放声痛哭。同行的人忍不住哈哈大笑。燕人责问道："你这人好不通情理，笑什么！"同行的人说："我刚才是逗你玩儿，这里是晋国，不是燕国。"燕人听了深为自己的无知、轻信而羞愧。

到了燕国，真正见到了燕国的都城和社庙，真正来到了祖先的老屋和墓地，燕人反倒悲伤不起来了。

悲伤是属于心灵本性的情感。但许多时候，人们常像故事中的燕人那样，为身外的一切而忧。或许可以这样说，人往往是凭外界的影响而自寻烦恼。

悲伤的产生在于我们的心灵。既然它的根基不在外物，那么我们完全可以控制自我的感情，只要有这样的认识，悲伤如无根之草实不为过。当人们把全部心力用于外物的求得时，悲伤也将会变得渐渐廉价。而当人们把心力用之于寻求内心的平静、闲适、自由和宁静时，那么悲伤就难以控制自我，生命的朝气就能充溢而出。

第六章
智慧：开启未知世界的钥匙

　　智慧乃是生物所具有的基于神经器官（物质基础）的一种高级的综合能力，它与知识不同。人们获得新知识，必须以已有的知识为基础，建立假设，然后遵循逻辑的程序加以推论，方可有得。而智慧的求得，则在于超越这些过程，排除一切思考的规则，直达目的。

苹果的味道

苏格拉底在世时，很多年轻人都非常崇拜他，虔诚地奉他为导师。苏格拉底经常在雅典城的中心广场给学生讲课，或者探讨各种各样的问题。他发现学生们太尊敬他以至于迷信他的思想、依赖他的分析，没有自己的主见。于是，他想了一个主意。

这一天，苏格拉底又来到中心广场，很快就有很多青年人围拢过来。等学生们坐好以后，苏格拉底站起来，从短袍里面掏出了一只苹果，对学生们说："这是我刚刚从果园里摘下的一个苹果，你们闻闻它有什么特别的味道。"

说完，苏格拉底拿着苹果走到每一位学生面前让他们闻了一下。然后，他问离他最近的学生闻到了什么味道。这个学生说闻到了苹果的香味。他又问第 2 个学生，这个学生同样回答是闻到了苹果的香味。

柏拉图当时坐得比较远，到了他回答的时候，前面十几个人的回答都是一致的——闻到了苹果的香味。当苏格拉底示意他站起来回答时，他看了看同学们，然后慢慢地对老师说："老师，我什么味道也没有闻到。"

大家对柏拉图的回答都很奇怪，因为他们都闻到了苹果的香味。可是，苏格拉底却告诉大家：只有柏拉图是对的。接着，苏格拉底把那个苹果交给学生传看，大家才发现：这竟然是一只用蜡做成的苹果！

这时，苏格拉底对他的学生们说："你们刚才怎么会闻到了苹果的香味呢？是因为你们没有怀疑我。我拿来一只苹果，你们为什么不先怀疑苹果的真伪呢？永远不要依成见下结论，要相信自己的直觉，更不要人云亦云。不要相信所谓的经验，只有开始怀疑的时候，哲学和思想才会产生。"

苏格拉底的用意是想让学生明白：任何时候都要用自己的大脑去思考，只有这样才能获得真正的知识。布莱士·帕斯卡说："人是一根能思考的苇草。"不仅是哲学家，任何人都要记住：独立思考，自己判断。从某种意义上说，思考是人区别于动物的最重要特征。如果一个人自己不知道思考，可以说他还没有真正学会做人。只有爱思考的人，才会有所成就。柏拉图就是一个敢于怀疑老师、独立思考的人，所以他能成为继苏格拉底之后又一位伟大的哲学家。

魔术师

苏格拉底和别人交谈时，方法奇特，灵活多样，给人以很大的魔力，因此吸引了许多谈话者。人们都称苏格拉底是魔术师。

在一般情况下，苏格拉底和交谈者谈话时，总是围绕着谈话者熟悉的问题进行。这时，交谈者往往以为自己对这个问题掌握了，有发言权。但经过和苏格拉底交谈之后，却使人意识到，他自己所知道的东西不仅是肤浅的，甚至是彼此相互矛盾的。于是，苏格拉底又继续提问，并说出一些道理，使交谈者也承认这些道理很正确，可是将这些道理和他们最初关于这个问题的观点一对比，结果发现完全相反。这时，谈话者往往感到困惑，莫名其妙，自己也不知道是怎么搞的，出发点与终结点的差异几乎使人怀疑是否着了魔。

苏格拉底采用的这种方法，使交谈者的意识自身发生混乱，从而陷于困惑，于是在这个基础上，再去唤醒他的意识、见识、羞耻，使他知道自己以为真的东西并不是真的，相反的却是动摇的，由此便产生了认真努力求知的要求。

苏格拉底有一个朋友叫美诺，这个人也是苏格拉底的学生。他自认为对美德很有研究，曾和许多人谈论过美德。于是苏格拉底就和他谈论起美德来了。

苏格拉底问道："请凭着神灵告诉我，什么是美德？"美诺立刻就做出一些区别，就男人的、女人的美德下定义说："男人的美德是精于国家的事务，以及帮助朋友，打击敌人。女人的美德是管理家务；另一种美德则是儿童、青年、老人的美德"；等等。苏格拉底打断他的话说："这不是我所问的，我问的是包括一切的普遍的美德。"美诺说："这种美德就是支配别人、命令别人。"苏格拉底举出例子反驳道："儿童和奴隶的美德却不在于发号施令。"美诺说："我不知道一切美德的普遍概念应当是什么。"苏格拉底说："这就像图形一样，图形就是图形、四边形的共同者，等等。"于是美诺又说："美德就是能够取得人所要求的那些善。"苏格拉底插话说："第一，提出善来是多余的，人知道某件事是恶的，就不要求它了；第二，善必须以正当的方式取得。"美诺被苏格拉底的话搞糊涂了，谈话进行不下去了。于是苏格拉底指出了美诺一些观点的错误。最后美诺说："我在认识你以前，早就听说你自己老是在怀疑，并且也使别人陷于怀疑和迷惘。现在你也使我着魔了，以致我充满了困惑。如果我可以开个玩笑的话，我觉得你完全像电气鳗那种海鱼，据说这种鱼会使走近和接触它的人麻醉。你就是对我做了这样的事。因为我的身体和灵魂都麻醉了，我再不知道回答你什么话，虽然我曾经和许多人谈论过美德，而且我觉得谈得很好。可是现在我一点也不知道该怎么说了。因此你不打算到外国旅行是很对的，外国人很容易把你当作魔术家打死。"苏格拉底听了美诺的话，放声大笑起来。

谁是学园的继承人

亚里士多德，古希腊斯吉塔拉人，著名的哲学家、科学家和教育家之一。亚里士多德是柏拉图的学生，亚历山大的老师。公元前335年，他在雅典办了一所叫吕克昂的学校，被称为逍遥学派。马克思曾称亚里士多德是古希腊哲学家中最博学的人物，恩格斯称他是"古代的黑格尔"。

柏拉图创办了"学园"以后，一直想选择一个理想的继承人。当时，在柏拉图的弟子中，多有才能之士。其中亚里士多德和斯彪西波都是出类拔萃的学生。

那么，选择谁为继承人呢？当时，斯彪西波的条件比亚里士多德更优越一些，因为他不仅学业上优异突出，而且还是柏拉图的近亲。不久，柏拉图便任命斯彪西波为学园的继承人。

　　亚里士多德对老师柏拉图哲学的理解，是胜过斯彪西波一筹的。他不仅从柏拉图哲学的意义上去理解，而且还善于从本质上思考，使其哲学进一步发展。因此，亚里士多德也很想当学园的继承人，但无奈任命已下。虽然他不满意这样的任命，但他却非常尊重自己的老师，一直到柏拉图逝世以后，他才离开了雅典，到米西亚地方住了几年，后来又到了米底勒尼。

　　在米底勒尼，亚里士多德仍然为继承和发展柏拉图的哲学苦苦思索，心情难以平静。他感到怀才不遇，没有施展抱负的地方。这时，亚里士多德的妻子比提娅劝他耐心等待，不要着急。机会终于来了。公元前343年，亚里士多德收到了马其顿王腓力二世的一封信，请他给国王的儿子亚历山大当教师，当时亚历山大15岁。信中写道："我有一个儿子，但我感谢神灵赐我此子，还不如我感谢他们让他生于你的时代。我希望你的关怀和智慧将使他配得上我，并不负于他未来的王国。"于是，亚里士多德荣幸地当上了亚历山大的教师，在宫廷里，受到了国王腓力二世及王后的恩宠和尊敬。

　　亚里士多德从此有了优裕的环境、条件，除了教学以外，有充足的时间继续研究哲学和各门科学。王子亚历山大在亚里士多德的教育下，成长很快。不久，他在事业上获得了巨大的成功，这也是亚里士多德辛勤培养教育的结果。

　　当亚历山大继承了王位，去远征以后，亚里士多德终于回到了雅典，在一个叫作吕克昂的公共场所讲学，使柏拉图的哲学发扬光大并进一步发展，成为柏拉图学园的真正继承人。

　　亚里士多德最终实现了自己当学园继承人的愿望，时间达11年之久。

老师与学生

亚里士多德是柏拉图的学生，又是亚历山大大帝的老师，又是逍遥学派的创始人。这样，亚里士多德既当过学生，又做过老师，那么，他是怎样处理学生与老师、老师与学生的关系呢？

作为学生的亚里士多德，在谈到老师柏拉图的哲学时，他说："吾爱吾师，吾更爱真理。"因为我尊敬爱戴我的老师，所以我更应该把老师的思想发扬光大。老师的思想有违背真理的地方，作为学生要坚决指出来，将其纠正，站在真理一边。后来，亚里士多德针对柏拉图理论的错误做了批判，发展了柏拉图的学说。

作为老师的亚里士多德，不仅耐心地教育亚历山大这个未来的君王，而且和他以朋友相处。亚历山大喜欢读荷马史诗，亚里士多德就亲自在荷马的史诗著作上做了注释，赠给了亚历山大。而亚历山大把老师亲自注释的书视为珍宝，在远征期间也常带在身边，闲暇时便拿出来阅读。在和亚历山大一起研究哲学时，亚里士多德允许他发表自己的见解。他们一起探讨思辨哲学，在许多问题上有着一致的见解。以至于亚历山大深入到亚细亚征战时，听说了亚里士多德把他哲学中奥秘的部分在一些思辨的著作中发表出来时，他给老师写了一封信，信中责备他"不应该把我们两个人一起工作而获得的东西，向一般普通人披露"。亚里士多德答复亚历山大："虽然发表了，但它还是和未发表时一样不被人认识的。"

在亚里士多德思想的熏陶下，亚历山大非常热爱哲学和科学。在远征时，他并没忘记科学和艺术，没有忘记老师的教诲，而是命令部队：凡在亚细亚发现了什么有关新的动物和植物的材料，必须把原物或该物的绘图或详细的描述寄给亚里士多德。他还命令近一千个以打猎、捕鱼、捕鸟为生的人，波斯帝国境内动物园、禽鸟园、鱼塘的监督者，经常供给亚里士多德以每个地方值得注意的东西。

这样，亚里士多德在学生的帮助下，研究了大量资料，写下了50多部博物学方面的书，成为一位伟大的科学家。

大圆圈与小圆圈

芝诺是古希腊著名的哲学家，知识渊博。

一天，有个学生问他："尊敬的老师，您的知识多过我们何止千万倍，您解答问题总是令人信服，可是怎么您的疑问也多过我们千万倍啊？"

芝诺用手在桌上画了一大一小两个圆圈，对学生说："你看，大圆圈代表我掌握的知识，小圆圈代表你们掌握的知识。这两个圆圈外面，是我们都不知道的知识。的确，我的知识比你们要多。我的圆圈大，接触到无知的范围就比你们多；你们的圆圈小，接触到无知的范围就比我少。这就是我常常有疑问、常常怀疑自己的原因啊！"

越是有知识的人，越是觉得自己无知，就越是谦逊。相反，那些"半桶水"的人，总是觉得自己无所不知，像公鸡一样骄傲。芝诺的理念告诉我们一个让人回味、值得时刻警醒的哲理：有知即无知。

苏格拉底也有类似的故事。

有一次，有人来到德尔斐神庙，问阿波罗神："谁是世上最有智慧的人？"神谕说是苏格拉底。从此，苏格拉底是世上最有智慧的人的说法就传开了。苏格拉底对此很不解，因为他常常觉得自己什么都不懂。于是，苏格拉底四处验证，访问了许多被称为"智者"的人，结果发现名气最大的智者恰恰是最愚蠢的。然后，他访问了许多诗人，发现诗人们不是凭借智慧，而是凭借灵感写作。接着，他又访问了许多能工巧匠，发现他们的手艺淹没了他们的智慧。最后，苏格拉底终于明白：阿波罗神之所以说他是最有智慧的，不过是因为他知道自己无知；别的人也同样是无知，但是他们却认识不到这一点，总以为自己很有智慧。换句话说，苏格拉底自知其无知，就是最大的智慧，而不知道自己无知的人，才是最愚蠢的。

在画廊中讲学

光阴似箭，转眼，芝诺研究哲学已经十几年了，他先是拜柏拉图为师，柏拉图去世后，他到麦加拉斯底尔波那里学了 10 年辩证法。此后，他专门研究辩证法和实践哲学，同时也研究自然哲学，特别是学习了赫拉克利特关于自然的著作。又过了几年，芝诺学成了，回到雅典当了一名独立的教师。

芝诺当上了教师，开始在一个叫画廊的大厅里讲学，并创立了自己的学派。这个大厅是用吕格诺特的绘画加以装饰的，一侧为墙，一侧为柱列的有屋顶的柱廊。希腊人称这种建筑物为斯多亚，因此，芝诺的学派就被称为斯多亚学派。

芝诺精心讲学，他像亚里士多德一样，把哲学综合成一个整体，注重辩证法的技巧和敏锐的论证。此外，他谦虚谨慎，生活朴素，受到了广大公民的尊敬，甚至马其顿的国王安提贡也常常去拜访他并和他共餐。

芝诺讲学形象生动，当他讲到"知识的原则是被思维的表象"时，具体讲为"被理解的表象"，他说，"要使表象成为真理，必须加以理解、把握。表象从感觉开始；其次就是把握。在表象里别的东西的模型被带进我们的意识，我们必须把它转变为自己所占有的东西，这只能通过思维才做得到。"于是，他举例用一只手的运动来说明：当张开手指时，这是一个感性直观，是看见、知觉的意识；当手指略微弯曲时，这是心灵方面的一种承诺，这样，这个表象就是自己的了；当把手指完全捏成一团，形成一只拳头时，这就是把握。接着，他又伸出另一只手，并用力紧紧地把这只拳头抱在一起时，他说，这就是科学知识，除了哲人外，没有人可以享有这种知识，我重复地握紧我的手，我意识到思维和内容的同一性，这就是证明，那被把握的东西也还和另一只手紧握在一起。

芝诺的讲学与斯多亚学派的建立，培养了一大批哲人，为雅典做出了贡献。为了表彰芝诺的功绩，雅典人民曾做出如下的决议："芝诺作为一个哲学家在我们的城邦中居住了许多年，表明了他自己是一个善良的人，使得和他接近的少年走上道德和节制的正轨，而且以他自己最好的范例作为他们的先导，所以公民们为了他的德行和节制，决定给予他一种公开的表扬，赠给他一个金冠。此外他去世后将被公葬在克拉米科。为了金冠和坟墓的建筑，应推出一个五人委员会来主持。"

芝诺获得了应得到的荣誉，于公元前 425 年去世，享年 72 岁。

苍蝇的飞行

在一次鸡尾酒会上，有人问数学家约翰·冯·诺依曼一道数学题：两个人各骑一辆自行车，从相距 32 千米的两个地方，开始沿直线相向骑行。在他们出发的瞬间，一辆自行车车把上的苍蝇开始向另一辆自行车径直飞去。它一到达另一辆自行车车把，就立即转向，往回飞行。这只苍蝇如此往返，在两辆自行车的车把之间来回飞行，直到两辆自行车相遇为止。如果每辆自行车都以每小时 16 千米的等速前进，苍蝇以每小时 24 千米的等速飞行。那么，苍蝇总共飞行了多少千米？

按照一般的解题思路，先计算苍蝇第 1 次飞到另一辆自行车的路程，再计算返回的路程；然后再计算苍蝇第 2 次飞到另一辆自行车的路程，再计算返回的路程……以此类推。最后，把这些路程加起来，就得到了苍蝇飞行的总距离。如果学过高等数学就知道，像这样的问题，还可以用无穷级数求和的现成公式解答，但这比较复杂。

诺依曼几乎没有思考就给出了答案，他用了一种最简单的、小学生都能理解的方式解答了问题——

每辆自行车运行的速度都是每小时 16 千米，所以 1 个小时后它们会相遇。在这 1 个小时中，苍蝇一直在往返飞行，并且速度是每小时 24 千米。所以，苍蝇总共飞行的距离 ＝24 千米/小时 ×1 小时 ＝24 千米。

提问者之所以向大数学家提这个问题，就是估计诺依曼会用无穷级数求和的方法求解。的确，在现实生活中，知识不等于智慧，一个人知识越多有可能反应越慢。这是因为知识其实是一种思维定式，是前人解决问题的现成思路，所以学得越多，受到的束缚就越多。上面这个故事中两种解题思路就生动地说明了这一点。当然，聪明的诺依曼并没有被所学的知识所束缚。

有时候，知识还使得人的思维脱离常识，让一般人难以接受。有人问彼特勒克，书籍能带来什么后果？彼特勒克说："书籍使一些人获得知识，但也使一些人疯疯癫癫。"总之，知识并不是越多越好，当然也不是"越多越反动"。要学习知识，但又不能被知识所左右，透过知识掌握智慧才是真正的目的。

学习的目的是什么

中国文化开创时代的哲学家多是颇有声望的教育者。他们的学说对道德、自我修养的注重，影响了中国几千年的教育模式。

孔子说："君子不应该像器皿一样，只有特定的用途。"这句话的意思是，能称得上君子的人，不单单有一技之长，其身上所散发的道德力量，可以让这样的人无所不能。

《论语》中，孔子经常评论他的学生，但孔子所肯定和赞扬的，不是他们的博学和心智聪明，更多的是学生的德和仁，即人格的修养。

有一次，鲁哀公问："在你的众多学生中，哪个人最好学？"

孔子听后，有些黯然神伤，回答道："颜回最好学。就算他自己不高兴，也不会迁怒于别人，他经常自省，不会犯同样的错误。可惜的是他已经死了，现在再也找不出像他这样的人了！"

孔子所谈及的好学，是颜回良好的人格素养，这足以看出其对培养人格的注重。

应当说，孔子的见解是极为深刻的。对于求知而言，最根本的目的是培养心性，即使是极其实用的知识，尽其能而为社会服务，得到的亦是心理的和谐和满足。何况，人格的修养本身也包含着智慧，而智慧是遗忘了所有知识后仍存留的东西，是创造完美人格所应具备的条件。

中国文化以为，单纯为了成名、取利而求知，不是学习知识的大道，它常常会走向被人耻笑的境地。

《庄子·列御寇》中曾讲过这样一个寓言故事：

有个叫朱泙漫的人，一心想学一门技术，让自己飞黄腾达起来。于是他变卖了家里所有的财产，一路跋山涉水，拜一个叫支离益的人，学习屠龙技术。

刻苦学了3年后，他终于学有所成。回到家乡后，他逢人便讲自己杀龙的能力。

有人笑着问："什么地方有龙可以屠杀呢？"

朱泙漫哑口无言，回答不上来。

通过这个寓言，不难看出庄子注重学习的实用性。知识和技能是必要的，但纯粹为追求一鸣惊人的荣耀，终是与学习知识的目的相去甚远的。

对于学习的目的，庄子与孔子有所区别，但也有相通之处。孔子认为学习是人格修养的创造。庄子则从其学说的要义出发，主张抛弃俗世之用，求取知识当是为了充盈自己的精神境界。

心轻外物灵性自生

庄子认为，人的能力无论大小，都有潜在的成分。因为种种阻碍和制约，使潜在的能力无法发挥出来。一旦摆脱了这些阻碍和制约，正常的技能就可以充分发挥了。《庄子·达生》中讲了一则孔子就这方面的问题教导颜回的故事。

颜回是春秋末年鲁国人，也是孔子最得意的弟子。为人甘贫乐道，好学不倦，在 72 贤人中以德行见长。

有一次，颜回乘船过觞深河，见摆渡的艄公操舟的本领极其高明，扯帆摇桨，动作娴熟，几乎到了神奇的程度，心里十分羡慕，便问："操舟的本领可以学习吗？"艄公回答说："当然可以。善于游泳的人一学就会，倘若是善于潜水的人，即使他从未见过舟船，也可以很顺利地操弄它。"颜回不明白其中道理，又向艄公请教。艄公说："我只是亲眼见过这样的事实，至于为什么，我也说不清楚。"

这件事里面，必然包含着很深的事理，究竟是什么呢？颜回为此思考了好长一段日子，还是想不明白，只好去请教老师。

孔子听了颜回的叙述，解释说："善于游泳的人一学就会，这是他懂得并且能够适应水性的缘故。与不善游泳的人相比，他对水惧怕的程度要小得多，因此可以用大部分精力去学习。善于潜水的人没见过舟船也能顺利操弄，这是因为，他看那无底的深渊，就像你看坚实的山陵一样，而翻船的现象，在他眼里，就像你看待向后倒车一般。他在水里自在得就像一条鱼。船翻也好，不翻也好，他根本就不放在心上，就像你根本不把车的进退当作危险一样。心里没有丝毫的顾

虑，操缰也好，弄舟也好，怎么能不闲适从容呢？他上船就会操弄，
和你坐到车上就能驾驶是一个道理啊！譬如说赌博吧，若是让人用瓦
片作注，他的心思就灵巧，可以花样百出；若是让他改用衣带钩作
注，涉及实在的财物了，他的心情就要紧张些，显得缩手缩脚了；若
是让他改用黄金作注，胜负太大了，势必无法保持清醒的理智了。你
看，他的技艺并没发生变化，心情却显得前后悬殊。这都是因为压力
加大，顾虑随之加剧的缘故。有了顾惜之心，便重视外物而失掉了内
在理性。所以，凡是看重外物的时候，内心就迟钝蠢笨了。这就叫
'外重者内拙'。"

原来百思不解的难题，经过孔子的透彻分析和详细的阐释，颜回
终于恍然大悟。

《庄子·达生》中说："要想免除外物的拖累，就不如舍弃非分
的事物。一旦舍弃非分的事物，内心就不再受到困扰了。一旦内心不
受困扰，就会变得心气平正了。平正的内心与自然一起变化更新，这
样便接近于'道'了。"从前有一位久经沙场的将军，过上了安逸的
生活，他有一件最珍爱的古董，时常拿在手中把玩。有一回，古董从
手中滑落，险些打碎，将军被惊出了一身冷汗。他想："自己曾在战
场上视死如归，从不知道什么是恐惧，今天怎么会变得这么胆怯呢？
都是因为有了贪恋之心啊。"军事理论上有"哀兵必胜"的格言，若
要找出它的理论依据，那就是极度的哀痛和坚定的复仇信念，足以
（或者在相对程度上）使将士暂时忘掉死亡的恐惧，充分地发挥潜在
的战斗力。人们常说的"奋不顾身""置之度外"，所包含的就是这
个道理。如果说"外重"是病因，"内拙"是顽症，那么"平常心"
便是良药。

知识与行动应该合二为一

孔子从人格的意义出发，对行动的价值非常重视。在孔子的教育理念里，知识与行动相连，知识的培养是为了实践和行动。就恢复古制的行动而言，孔子并未取得多少成功。他最大的官职是鲁国的司寇，干了两个多月，由于不满意鲁君的荒淫而去。他最成功的政治活动是齐鲁两国国君会盟时任鲁国的相礼。但无疑，孔子对行动的价值的注重和以知识的求取培养仁德，进而直接施行于社会的主张，对后世儒学的发展有很大的影响。

实际上，在先秦诸子中，重视以知养性，以完善道德为基点，希望得君行道以救世，几乎是共同一致的主张。当时与儒学相抗衡，同时被称为显学的墨家，在这方面与儒家相比，走得甚至更远一些。它的开创者是鲁国的墨子。

墨子做过车工，研究过筑城、器械，在力学、光学方面都有丰富的知识。墨子对知识的注重不仅仅因为他是个实干家，而是因为他认识到知识是其实现学说的必备手段，换句话说，是其学说的延展。

关于墨子，曾有过这样一件事：

强大的楚国请著名的工匠鲁班（公输班）造了云梯，准备攻打弱小的宋国。

墨子听说了，走了十天十夜赶到了楚国。他找到公输般，并一同去谒见楚王。

当着楚王的面，他们进行演练，墨子解下自己的腰带做城墙，用筷子做守城器械。结果鲁班设计的多种器械都被挫败。

公输般说："我知道有个办法可以挫败你，但我不说。"

墨子说："我知道你挫败我的方法是什么，我也不说。"

楚王很迷惑，就发话要求两人说明。

墨子说："公输般的意思是大王只要杀了我，没有人帮助宋国守城，就可以进攻宋国。我知道这个方法，我的弟子他们已经带着器械到了宋国，在城墙上等着楚国的进攻呢！"

楚王于是放弃了攻打宋国的计划。

这件事，是墨子以知识为手段，实行其学说的典型事例。

墨子主张"兼相爱，交相利"，即人与人应该彼此主动无差别地相爱，其具体实施的内容是互利。有力量的人帮助人，有财产的人分财予无财产的人，有道德的用道德教化人。墨子认为，只要能够兼爱互利，那么，就可以消除战争，实现人人相爱的社会理想。

所以，墨子及其弟子多是具有专门知识的实干家。这种知识是为行动所需，是墨家人生的必备基础。虽说他们讲求的知识与行动的合二为一不像儒家那样注重人格的培养，但从本质上却也是一致的，都是实现其政治主张的必需修养。

智慧与知识不同

智慧是生命个体从心底对外部世界的感悟和自知，是属于"吾心自知"之境的。

所以，在中国文化看来，智慧是不能谈论的，像讨论知识那样去讨论智慧，本身就不是智慧。这是因为求取智慧的历程是飞跃一切推论、超越知识羁绊后才会出现的境界。

王阳明是中国古代哲学发展到后期最有影响的哲学家。他先痴迷于侠士之道，沉溺于骑射之术，再徘徊于章句之乐和神仙之境，其一生可谓是求知甚广，旷达不羁。

据说，他21岁时听到朱熹的格物学说便很兴奋，通读了朱熹的著作。一次他和朋友一起讨论如何通过推究心外之物，达到心中之理的自我认识这一朱熹学说的修养方式时，两人对着庭院前的竹子试行起格物来。

他的朋友"格"了3天，即病倒了。他不灰心，独自坐在竹子前边，昼夜不停，但仍"沉思其理不得"，第7天也病倒了。

此后十几年，他几次研究朱熹学说，终于厌倦，未能从朱熹提供的知识框架中得以解脱。

他曾有过入山修道之念，未能实行，但确实练习了道家的"导引"之术，他的旷达不羁，求知甚广，或许可以说是困于知识之境而未能化解贯融之故。

知有所困，知识不能代替智慧，在王阳明，应该说是合于实情的。

因为得罪权贵，王阳明30多岁时被贬到贵州一个叫龙场的地方，途中差点死去，在龙场，历尽人生苦难之后，有天夜半静坐，王阳明突然悟到了格物致知的本旨。

这就是所谓的龙场悟道。

王阳明非常高兴，他的心学之说"心即理"由此萌起，并以其对朱熹学说的反动独树一帜，成为继陆象山之后中国唯心说的先驱。

王阳明说："心外天花，你没有此花的时候，就没有关于花的感觉，花便不存在。看见了，感觉了，花才呈现。可见此花不在你的心外，它不能离开你的感觉独立存在。"

在主观唯心方面，王阳明的确走得太远，这是不言而喻的，但对王阳明来说，这却是一种全新的感觉。

抛开哲学之争，王阳明从格物竹林到龙场悟道，就其本人而论，他实则完成了由求知到求得智慧的过程。

智慧乃是生物所具有的基于神经器官（物质基础）的一种高级的综合能力，它与知识不同。人们获得新知识，必须以已有的知识为基础，建立假设，然后遵循逻辑的程序加以推论，方可有得。而智慧的求得，则在于超越这些过程，排除一切思考的规则，直达目的。

智慧需要从生活中获得

禅宗在唐代由六祖师惠能发扬光大。禅宗认为应从平常心做起，从吃饭、穿衣等琐杂细节中去体悟。平常心即是道，如果想从虚无缥缈的世界去找佛理，那是得不到的，佛性存在于生活之中，也只能从生活中去求得。

就这一点，禅宗对中国文化儒、道两家有所继承是无疑的。它直指心性，主张用内心去体悟一切事物及自身自有的佛理。

禅宗六祖师惠能有这样的故事：

禅宗五祖师弘忍召集弟子，当众宣布要下传作为继承法嗣的标志——法衣。

他让每一个僧人写一首偈，说明自己对佛理的认识，最好者便是法定传人。

当时弘忍门下的上首弟子神秀，名声显耀，当即作一首偈题在

169

壁上：

心是菩提树，心如明镜台；

时时勤拂拭，莫使惹尘埃。

见此偈，别的僧人无人敢再题偈。这时，一个刚到寺院 8 个月，大字不识一个的杂役和尚，请人在壁上也题了自己作的一首偈：

菩提本无树，明镜亦非台，

本来无一物，何处惹尘埃。

弘忍大喜，当夜密传法衣与他，并嘱其隐居远走。16 年后，弘忍圆寂，混迹民间的杂役和尚，亮出法衣，削发为僧，成为禅宗的六传祖师。

这便是对后世禅宗影响极为深远的惠能。

惠能从未正式学过佛理，拜见弘忍前一直以砍柴为生养活母亲。他见弘忍时，弘忍认为他是村夫，很为冷淡，因为在对话时惠能显出了对佛理的悟性，才被收为杂役和尚。后又 16 年混迹民间。但正是这种凡俗生活使他体悟了佛理，并完成了禅宗历史上伟大的改革。

惠能曾说："领悟佛教的真理，要凭借每个人生来俱有的智慧，一闻佛义，顿时照见自己内心的佛性。"

他第一次把佛性赋予凡人，认为一切众生都有佛性，人人都能成佛，佛就在人的本心，也只有在身内方能求得。所以他主张不坐禅，不念修行，而是去掉心中邪念，随时从生活中悟到智慧。

他讲经 20 多年，影响遍及海内，连当时的皇帝都慕他的名声，召他进京，他托病不应。记载他学说的《坛经》不仅影响了禅宗发展，也成为后来宋、明道学家和许多士大夫所钟爱的书籍。

惠能的智慧得力于生活，得力于生活中每时每刻的顿悟。这就是顿悟不仅成为禅宗的主要内容，也成为中国思想史上一大发明的原因。

河伯见海若

《庄子·秋水篇》记载了这样一个寓言故事：

有一年，秋水暴涨，许多小河里的水，都汇集到黄河里来了，黄河顿时变得特别宽阔，连对岸的牛马都看不清了。

黄河之神河伯沾沾自喜，以为自己是天下之水的首冠了。一天，他顺流而下，不知不觉来到了北海（即渤海）。向东边望去，只见天水相连，茫茫一片，天边无际的水面，哪儿能望得到岸啊！顿时，河伯感到心里十分惭愧，他抬起头来，向着北海之神海若叹息地说道："唉！我原先自以为很了不起，现在看到你是如此宽广无边，没有尽头，我才明白自己的骄傲实在是有点不自量力了。我如此的浅陋无知，让您见笑了。"

北海之神海若对河伯说："住在井底的青蛙，不可能知道海是什么样的，这是因为它受着环境的限制；生活在夏天的昆虫，也不可能明白冰是什么东西，这是因为它受着时令的限制。你现在离开了狭窄的河床，来看看大海，开阔了眼界，感觉到了自己的幼稚可笑，这已经很不容易，也是很大的进步。天下的水流，没有比海更大、更宽阔的了。无数河流中的水，不断地流入大海，可大海始终也不会满起来；大海里的水，也不断地向无数的河流输送，却又始终没看它浅了多少。无论是春天，还是秋天；也不管是干旱，还是洪涝，对大海来说，都毫无影响，它不会因此增多，也不会因此减少。尽管如此，我却从来也没有因为这个自高自大过，我知道自己不过是广阔宇宙之中，很微小的一部分而已，没有什么可夸耀的……由此可见，人们所说的那个四海之内的中原之地，若从整个宇宙来看，不是好比大粮仓里的一小粒米吗?"

这个故事告诉人们：虚心使人进步，骄傲使人落后。一个人应该正确地对待别人，但更重要的是能正确地认识自己。

得到智慧的秘诀在于忘掉知识

有人曾这样说：一切知识，对追求智慧者只是心灵磨坊里的谷子。一切概念都只有唤起感悟、引发共鸣的作用，只有把所有知识化为自己的血肉，培养出清澈的心灵，才能流露出活泼的智慧。这是极有道理的。

死板地恪守知识训诫，心灵充满实在的技能，这样的人是得不到智慧的。

《庄子·秋水》中有这样的寓言：

燕国寿陵地方的人，走路八字朝外，十分难看，有个青年听说赵国人走路很好看，就跑去学习。

他学得太认真了，一举一动都牢记并模仿。结果不仅没学会赵国人的走法，连自己原来的步法也忘了，最后只好爬着回去。

这寓言虽有些夸张，但它旨在告诉我们，太拘泥于知识，必会被知识所困。燕国的青年人如能取赵人走路之长，融会于身，进而忘了自己是在走路，任心灵空明地恢复本性，是绝不会爬着回去的。

或许我们可以这样说，真正的智慧不是满足于知识，而是忘掉知识。忘掉知识，直指心灵的悟性，才能得到生命的大智慧。

关于知识，《庄子·天地》中有这样一个寓言。

齐桓公是春秋五霸之一。有一次，他坐在堂上读书，一个正在做活的名叫轮扁的工匠问他："敢问大王读的什么书？"

桓公回答："圣人之言。"

轮扁问："圣人还在世吗？"

齐桓公说："已经死了。"

"那么你读的是古人的糟粕了。"

齐桓公大怒，让他说出理由，否则就斩首。

轮扁从容答道："好吧！就拿我制车轮这手艺说吧，要车轮坚实又转动灵活，榫卯必须做得不差分毫。这功夫的奥秘，只能得之于心、应之于手。这种熟练的技巧只能靠心领神会，说是说不出来的。我不能传给我儿子，儿子也不能从我这学去。所以，我现在70岁了，还得自己做车轮。以此类推，圣人已死，他的精华是不能传下来的，那么，你读的自然就是古人的糟粕了。"

这寓言虽含有庄子虚无、相对主义的一面，但的确可以启示我们：生命的智慧——照庄子所说"道"——是只能自己去感悟和为自我所独有，它不像知识那样可以传授，即使是能够传授，也说不定会丧失了精髓，变成单纯的知识了。

这里，庄子是说：智慧——心灵的感悟，可传递性极其微小，它是从心灵的深渊之处，从清澈澄明之境对生命本原的一种判断，一种微妙的组合和选择。它在与外部世界重新融合后，满足的是生命的自我创新。

智慧的最大敌人是执着

困惑我们的，并不仅限于现实以及知识。我们有时候不过是命运的玩偶，但现实世界并不一定要求我们解释它的所为，我们所要解释的，是身处现实之中的自我灵魂。

据说，禅宗六祖师惠能要求向他发问的人"把你未生以前的本来面目给我看"。

这是无法予以回答的问题，惠能祖师亦不是让人回答，其意旨在破除我们内心的执着。

求取智慧，最大的敌人是执着，不论是执着于知识，执着于名，执着于利，执着于形体之美，执着于权威，只要一旦执着，智慧之门就对你关闭了。

对于执着的破除，禅宗曾留下许多著名的公案。

有一个姓杨的人离别双亲到四川去求菩萨。路上，遇到一位禅师，问明了他去做什么后，禅师告诉那人说："你与其求菩萨，还不如去求佛。"

"哪里有佛？"

"你回到家里，看到有个人披着毯子，反穿着鞋来迎接你，那就是佛。"

杨氏赶回家已是深夜。他母亲听到儿子叫门，高兴得来不及穿衣，披着毯子，反穿了鞋子就冲出来开门。

杨氏见了，顿时大悟。

杨氏之悟，得自于内心的善念和生命智慧的获得，照禅宗的立场

看，就在于这种内心的善念穿破我们的躯壳，打破观念和范畴，直达
人生至善的境界。

至善乃是智慧的最高结晶。禅师以为单纯、善良，是求取智慧的
必备特征，放弃执着，就在于让赤子之心纯一无伪，这样，智慧之门
重开，处处皆可自悟。

禅宗用一些奇奇怪怪的公案所告诫于我们的，稍显玄虚，但并不
是来世的虚无，其努力破除的是我们心中已有的观念和范畴。当除掉
这一切执着，自会使人感到现实人生一片虚无，四无依傍，这是一个
关隘，也是一个考验，再跃进一步，便入智慧之门，此刻才能了解，
失掉的越多，得到的也就越多。这就是智慧的历程。

迂腐的读书人

机械唯物主义有两个比较显著的特点：第一，承认世界是物质
的、客观的，不承认客观世界是神创造的；第二，不承认事物是运动
的、变化的，如果有运动，那也只是在外力作用下的机械运动，在实
际生活中，表现为墨守成规、生搬硬套。

清朝时，沧州有个姓刘的读书人，他性情孤僻，每天自朝至暮埋
头于读书当中，极少与人往来。若让他讲古书，他可以滔滔不绝地讲
得头头是道；若让他处理世事，却显得异常迂腐。

有一次，他偶然间得到一部古代兵书，便如获至宝，伏案研读了
整整一年。他自以为弄懂了兵法，可以统率 10 万精兵了。刚巧，那
时他家乡遭到乱军的骚乱，他觉得这是他施展本领的机会，就纠合一
队乡兵，亲自率领队伍去参战。不料初次交锋，就被乱军彻底击溃，

他这个自命不凡的"指挥官"也险些被俘。

军事搞不成，他又翻出一部古代水利著作，又闭户苦读一年之久。这时，他自称水利专家，声称可以把千里贫瘠土地，改造成肥土良田。于是，他在家里精心绘制了一幅水利工程图，附了详细说明，呈给州官。说来凑巧，那位州官心肠很热，对他的设想很赞赏，破例批准他在一个村庄做实验。不料按照他的图纸刚刚掘通沟渠，突然天降大雨，造成洪水泛滥。水从四面八方顺着渠道灌进村庄，造成全村的农作物严重受损。实验彻底失败了！

从此以后，姓刘的读书人消沉下来，他不明白为什么按照书本办事总行不通，因而整日闷闷不乐，常常独自漫步在庭院里，摇头叹息，自言自语说："难道是古人欺骗了我吗？"不久，他就在极度郁闷中病死了。

相信今天大多数人绝不会像这个姓刘的读书人那样，只知死读书，不尊重客观实际情况，生搬硬套、机械办事的。

古人说，"千里共婵娟"。可是，唐代诗人李峤却不同意这样讲，他写道："圆魄上寒空，皆言四海同。安知千里外，不有雨兼风？"月照中天，清辉满地，如果因此便认为四海共婵娟，就犯了形而上学、机械唯物主义的错误了。"安知千里外，不有雨兼风？"诗人告诉人们，不要绝对化，机械硬搬，而要从此时此地的实际出发，实事求是。

机械唯物主义思想虽然有正确的地方，但是，它的不足之处，在我们少年朋友中间，或多或少是有影响的。比如，有的人用静止的、孤立的、片面的观点看问题，因循守旧，不去思考新问题、新方法；有的人不愿接受更多的新知识，仅仅满足于一知半解；有的人对其他人的经验不作具体分析，生搬硬套，等等。这些都会造成不好的后果。

第七章

感悟：与智者一起品味生活

合理的生活就是一种智慧的生活，它不拘于任何理论和教条，不陷于偏执和狭隘，符合人类共识的伦理和道德规范。依据这样的生存准则，才能使生活顺应天地自然，符合生存造化，使人坦然无愧。

木桶中的幸福生活

古希腊哲学家第欧根尼反对人们无休止地追逐欲望以及因此引发的各种争斗，崇尚简单自然的生活。

第欧根尼不仅是言论，而是终身实践着自己的主张。他抛弃了所有不必要的财产，只留下一根橄榄树干做的木棍、一件褴褛的衣裳（白天穿在身上，晚上盖在身上）、一个讨饭袋、一只饭碗和一只水杯。他觉得大多数人的一生就是为欲望所左右，全部精力都浪费在衣、食、住、行之类的琐事中，失去了原本的天性。所以，他拒绝普通人的生活方式，而愿意像狗一样饿了就吃、渴了就喝、累了就睡，不积累财富，不追逐名利，被人们称为"犬儒"。

据说，他每天住在市场里，晚上睡在一个大桶里——人们称之为"第欧根尼的大桶"。有人指责他出没于肮脏之处，他却回答说："太阳也光顾臭水沟，却从未被玷污。"有一天，第欧根尼看到一个小孩用手捧水喝，而不需要水杯，于是把水杯摔碎了。又有一天，他看到别人用面包片卷着菜吃，而不需要饭碗，就把饭碗扔了——第欧根尼的生活简单到了不能再简单的程度。

他认为世人大都是半死不活的、虚伪的，只能算"半个人"。有一次，在光天化日下，他打着一盏点着的灯笼穿过市井街头，碰到谁他就往谁的脸上照。人们问他干什么，第欧根尼回答说："我想试试能否找出一个人来。"

有人会以为第欧根尼是个疯子。但是，他不仅不是失去理智的疯子，还是一个智慧卓绝的哲学家。他通过戏剧、诗歌和散文的创作来阐述他的学说，向那些愿意倾听的人传道，他拥有一批忠实的门徒。他对弟子们说，所有的人都应当自然地生活，抛开那些造作虚伪的习俗，摆脱那些繁文缛节和奢侈享受，只有这样，才能过上自由的生活；富有的人认为他占有宽敞的房子、华贵的衣服，还有马匹、仆人和存款，其实并非如此，他被这些财富所束缚，为这些东西操心，把一生的大部分精力都耗费在这上面，财富支配着他，他是财富的奴隶；为了攫取这些虚妄浮华的东西，他出卖了自由——唯一真实和长久的东西。

很多人对社会生活感到厌倦，逃避到小小的农庄上、静静的乡村里，或隐居的山洞中，在那里过着简朴的生活。第欧根尼不这样做，而是直面真实的生活，立志扫除人类生活上的灰尘，指导人们去追求真正有价值的东西。作为哲人，第欧根尼不同于同时代的柏拉图、亚里士多德等人，他们主要是在自己的私塾里教学。对第欧根尼来说，课堂和学生都存在于芸芸众生中间。他故意住在热闹非凡的集市，在大庭广众之下向世人示范什么是真正的生活。

据说，第欧根尼"像狗一样"活到了80多岁。他的门徒在他的坟墓前立了一座狗的雕像，纪念他自由的一生。对于第欧根尼来说，什么是有意义的生活？自然的生活，不为财富和欲望所累的生活。的确，作为一个纯粹的人来说，所需并不多。纵使有广厦千间，一个人晚上也只能睡一张床；纵使有珍馐佳肴，一个人也只能吃几盘菜。一个人需要多少财产才能过上幸福的生活？要过上幸福的生活，关键不在于财富。然而，对于物质财富，人们却那么难以满足，甚至不惜铤而走险，直至身败名裂。像第欧根尼一样生活，似乎要求太高了一些，但记住第欧根尼的教导，思考一下自己真正需要的生活，不要被财富完全蒙蔽，这是可以做得到的。要是能在生活中稍微实践一下，会使你更加明白：简单的生活才最幸福。

亚历山大的心声

关于第欧根尼最有名的故事是他与亚历山大大帝的会面。

亚历山大大帝是有史以来最伟大的征服者之一，建立过最庞大的帝国。由于第欧根尼声名远扬，亚历山大决定去拜访第欧根尼。当时，亚历山大才 20 岁左右，正在组织远征军，准备向亚洲进军。

亚历山大托阿里斯提普斯传话给第欧根尼，要他去马其顿接受召见。第欧根尼却回答说："若是马其顿国王有意与我结识，那就让他到此地来吧。因为我总觉得，雅典到马其顿的路程并不比马其顿到雅典的路程远。"

当亚历山大来时，第欧根尼正躺在他的大桶中晒太阳。当皇帝穿过人群走向"狗窝"，所有的人都向他鞠躬敬礼或欢呼致意时，第欧根尼一声不吭，只是坐了起来。亚历山大打量了一下破桶和衣衫褴褛的第欧根尼，开口问道："第欧根尼，我能帮你的忙吗？有什么要求你就提吧。"

"能。"第欧根尼说，"站到一边去，别挡住我的阳光。"

哲人的回答出人意料。这有些对亚历山大不敬，但第欧根尼的言行使亚历山大的随从都哄笑起来。相反，亚历山大沉默了一会儿，慢慢地转过身，对身边的人说："假如我不是亚历山大的话，我愿意做第欧根尼。"

在世人的眼中，亚历山大登上了权力的顶峰，无人能及。据说，当时的人们都认为他是太阳神的儿子，把他奉为希腊人的守护神，对他毕恭毕敬。将领们和亚历山大说话时甚至都不敢直视他，怕被他的眼神灼伤。但是，亚历山大却愿意做第欧根尼，像他一样过无拘无束、率性而为的生活，这不能不发人深省。

古希腊讽刺作家卢奇恩在《对话录》中杜撰了第欧根尼和亚历山大大帝两人死后在阴间的对话。第欧根尼问亚历山大："你不是太阳神的儿子吗？怎么你也会死啊？"

"现在我知道，"亚历山大沮丧地说，"那不过是骗人的妄想。"

接着，亚历山大大帝感慨世间的权力和荣耀不过是一场空，临死前甚至没有来得及安排继承人；由于将领们忙于争权夺利，瓜分他的帝国，他死后很久都没有下葬。

在对话的结尾，第欧根尼建议亚历山大喝下忘川水，忘记尘世的经历，以减少两相对比徒增的烦恼。他还告诉亚历山大要小心，因为他生前得罪和伤害过许多人，他们也要来阴间了。

卢奇恩讲述的故事虽然有些戏谑，但的确点到了亚历山大的痛处。虽然亚历山大权倾一世，却身不由己，生活并不幸福。在现实生活中，安于现状的平民百姓往往比拼命向上爬的官员更幸福，尤其是那些贪官污吏更是每天担惊受怕，提心吊胆，哪里谈得上什么幸福！

实际上，权力越大责任就越大，责任越大压力就越大，压力越大就越难享有快乐。一句话，幸福并不等于权力。

西西弗斯的救赎

当代哲学家加缪有一本著名的《西西弗斯的神话》，生动地诠释了其存在主义的思想。西西弗斯是希腊神话中的人物，加缪用他的命运来隐喻人生。

根据《荷马史诗》的记载，西西弗斯是科林斯城的建造者和国王，非常工于心计。希腊神话中最高阶的神宙斯非常好色，有一次他掳走河神伊索普斯美丽的女儿伊琴娜，恰好被西西弗斯知道了。河神到处寻找女儿，来到了科林斯，西西弗斯要求以一条四季长流的河川作为交换条件，才肯告诉河神他女儿的去向。由于泄露了宙斯的秘密，宙斯大发雷霆，派死神普洛托将西西弗斯打入冥间。没有想到西西弗斯却用计绑架了死神，导致人间很长时间都没有人死去。最后，死神被救了出来，西西弗斯因而下了地狱。

在去冥界之前，西西弗斯嘱咐妻子墨洛珀不要埋葬他的尸体。到了冥界后，西西弗斯告诉冥后帕尔塞福涅，一个没有被埋葬的人是没有资格待在冥界的，并请求给他 3 天时间处理自己的后事。没想到，当西西弗斯又一次看到大地的青翠的面貌，领略到流水和阳光的爱抚之后，他再也不愿意回到阴森昏暗的地狱中去了。冥王的百般命令和召唤都无济于事，于是诸神派来众神的使者墨丘利抓捕西西弗斯，再次将西西弗斯投入地狱。

西西弗斯几次三番戏弄诸神，宙斯及众神决定严惩他，判处西西弗斯永世在冥界服苦役。西西弗斯要把一块巨石推上山顶，当石头推上山顶后就会滚落下来，西西弗斯就得再一次把它推上山顶……就这样，日复一日，年复一年，西西弗斯要痛苦、沮丧、无奈地重复这种无意义的劳动。

加缪搬出西西弗斯的故事，是用它来比喻人生的荒谬。在漫漫一生当中，希望一次次出现，最终又一次次破灭。无论怎样努力生活，怎样努力工作，怎么努力追寻人生的意义，死亡最终将这一切都化为泡影。所以，每一次希望的终点只是新的折磨的起点而已。自从人降生世间，命运就已经注定了只能是绝望与折磨。在周而复始的永恒轮回中，任何劳作的力量都是虚妄的，因为命运不存在终极希望。西西弗斯的石头，是永远也不可能完成的任务。

然而，加缪又从西西弗斯的故事中读出了别的意义。他写道："诸神处罚西西弗斯不停地把一块巨石推上山顶，而石头由于自身的重量又滚下山去，诸神认为再也没有比进行这种无效无望的劳动更为严厉的惩罚了。西西弗斯无声的全部'快乐'就在于此。他的命运是属于他的。他的岩石是他的事情。同样，当荒谬的人深思他的痛苦时，他就使一切偶像哑然失声。"人生的意义不在于终极的归宿，而就在于这看似无意义的劳作之中。世界的确很荒谬，但这不能阻止我们快乐，"快乐可以让我更清醒地认识世界荒谬的本质"。总之，人生就是无解的悖论：一方面，生活是如此荒谬，已知的一切都无妄无效，人因此痛苦；另一方面，人在荒谬中存在，接受了这样的生活，并从中得到了幸福——西西弗斯式的幸福。

没有十全十美的爱情和婚姻

关于爱情是什么，柏拉图曾经专门去请教过他的老师苏格拉底。苏格拉底没有直接回答他，而是让他从麦田中穿过，不能回头，要在途中摘一株最大、最漂亮的麦穗，并且只能摘一次。

柏拉图按照苏格拉底说的去做了，但是，却两手空空地回来了。

苏格拉底问他为什么没有摘到麦穗，柏拉图回答说："因为只能摘一次，而且只能向前，不可回头。所以，期间看到几株较大、较黄的麦穗，也想摘下来，可是想到可能前面会有更大、更好的麦穗，便继续向前走。当走到最后才发现，原来最大、最金黄的麦穗早已经错过了。"

苏格拉底说："这就是爱情。"

又过了几天，柏拉图又向苏格拉底请教什么是婚姻，苏格拉底仍旧什么都没说，只是让柏拉图到杉树林里走一次，这次依然不准回头。且要在途中砍一棵最好、最漂亮的杉树，并且也只能砍一棵。

柏拉图想起了上次的教训，他想这次一定不能落空了。过了很久，他回来了，而且果真没有落空。当他步履蹒跚地拖着一棵杉树回来的时候，显得非常疲惫。这棵杉树看起来还算挺拔和青翠，但美中不足的是有些稀疏。

苏格拉底问他："难道这棵杉树就是你一路上看到的最好的吗？"

"当然不是了。"柏拉图承认，"我走了一路，看了一路，却始终不确定遇到的杉树是不是最好的。直到最后，当我发现时间已经很晚，而且体力渐渐不支的时候，我觉得我必须先砍一棵了。就在这时，我看到这棵杉树还可以，也顾不得它到底是不是最好的，就把它砍下拖回来了。"

"这就是婚姻。"苏格拉底意味深长地说，"它总是很无奈。"

其实苏格拉底想告诉柏拉图，世上没有十全十美的爱情和婚姻，如果把爱情想象得太完美，就会错过不太完美的爱情。

不要把爱情想象得太完美，也不要把婚姻想象得太沉重，理智地选择一份能够给自己带来幸福的情感与婚姻就可以了。

爱情和婚姻不是完美的，同样生活在爱情和婚姻里的两个人也不是完美的，理想和现实总有一些差距，不要把自己的想法强加于别人。我们都是芸芸众生中的凡夫俗子，彼此谅解才能在不完美的爱情婚姻中长久地幸福下去。

合理的生活是智慧的生活

从盘古开天地，人类走出混沌以来，关于人应该怎样活着这个问题，无数智者先贤从不同角度提出了种种标准，充分地阐释了生活理论和人生准则。

然而没有真正把握这些理论的精髓，盲目地恪守一种理论准则去生活的人们，往往会陷入困顿和迷惘。

《列子》里记载了这么一个故事：

齐国的国氏非常富有，宋国的向氏非常贫穷。向氏很羡慕国氏，于是便从宋国到齐国去找国氏，向他请教致富的方法。国氏告诉他说："我之所以这么富有，是因为我擅长偷盗。我自从开始进行偷盗，第一年得到的东西能够自给，第二年就有了盈余，到了第三年便非常富足了。到后来东西多得用不尽，我就用来接济街坊邻里。"

向氏听了非常高兴，但是并没有理解国氏所说的"偷盗"是什么意思，回到宋国之后，便真的做起偷窃的事来。他常常乘人不备越墙凿屋，破门入户，闯进别人家中，看见略微值钱的东西便统统席卷而去。时间没多久，他就因赃物被查获而被判了罪，连家中原先积攒下来的钱财也都被官府没收了。

向氏认为国氏欺骗了自己，便又到齐国找上门去责怪国氏。国氏问："你是怎么进行偷盗的？"向氏讲述了自己偷盗的情形，国氏不禁惊愕地说："啊！你竟然这么不懂得'偷盗'的道理啊！现在就让我来详细告诉你吧。你难道不知道天有四时，地有物产？我'偷盗'的，就是天时地利。春雨滋润，夏雨滂沱。我在春季适时播种，夏季辛勤耕耘，到了秋天庄稼自然收获。山上林木丰茂，石料取之不尽，我就用来砌墙筑屋。此外，山林中还可以捕猎禽兽，河湖内还可以捉到鱼鳖。这些庄稼、土木、禽兽、鱼鳖，都是天然生成的，并非我自己所有。我全都取来应用，岂不是'偷盗'吗？不过，我偷盗这些天赐之物，并不会因而遭殃。至于别人家里的金玉珍宝、粟帛财货，都是人家自己靠辛勤劳动积攒下来的，并不是自然天生的。你去偷窃这些东西而被判罪，是理所当然的。又能怨谁呢？"

这则典故是说，生活的理论固然很多，但往往附带着特定的条件和背景，如果为某一种理论所左右，或出于一种贪欲而违背常理，就会迷失自我。同时，这也说明，无论多么高明的理论，最首要的判断标准应该是合乎理性的良知。

合理的生活是一种智慧的生活，它不拘于任何理论和教条，不陷于偏执和狭隘，符合人类共识的伦理和道德规范。依据这样的生存准则，才能使生活顺应天地自然，符合生存造化，使人坦然无愧。

幸福的生活是善良的生活

孔子说："君子谋求的是道，而不是食物；忧虑的是道能不能施行，而不忧虑贫穷。"在孔子看来，谋食和贫穷只是一般人们所忧虑的。真正的君子以实现"道"为目标，所追求的应超出一般的欲念而达到人生的至善。唯有善才能给人带来真正的幸福。

对于现实中的大多数人而言，追求善固然可以，但舍弃物质欲念而追求所谓脱俗的幸福，恐怕不少人都会认为这是缺乏现实感的傻气。

有一点须为追求幸福生活的人们所注意的是：幸福毕竟是属于心灵的产物，对于心灵来说，物质的欲求固然重要，可它能归属于心灵的太少。对于心灵来说，最重要的满足，当是爱和善心。善良才能得到感情的回报，善良亦易于求得心灵的和谐。

人生于忧患，死于安乐

生活中时常可以发现一些耐人寻味的反差：优裕的生活条件没有培养出出类拔萃的文坛硕子；良好的生活环境没有诞生学渊识广的能才贤士；纸上谈兵没有成为统率三军的谋臣猛将；万贯家财却没有获得愉悦和欢欣。相反，贫寒的书屋里却造就出了语出天惊的文章巨匠；恶劣的生存条件下铸造了思想深邃的智者贤人；枪林弹雨之中走出了智勇兼备的盖世英雄；安贫乐道则使人感到充实和快慰。

这种反差现象的出现的确值得人们沉思。我们当然不能以此武断地认为，生活优裕者天资才智如何低下，或者贫寒卑微者如何天资聪颖。人类发展到一定时期，人与人之间智力的发展是基本均等的。人们实现自我价值的完成，才能智慧挥发的多少在很大程度上要从客观生存环境上寻找原因。应该看到悲惨的生活处境，经常会成为磨砺人的意志，刺激人们追求向上的精神力量；而安逸的生活，世俗的享乐，往往会成为阻碍人类自身寻求进步发展的严重桎梏，从而窒息了人类的创造力和探索欲。具体到治学上，孔子曾经说过：读书人如果贪恋安逸，便称不上读书人了。

古往今来，有关人生于忧患，死于安乐的例子有很多的，《左传》里就记载着晋文公重耳的故事：

晋文公重耳在做国君之前流落他乡，后来终于在齐国定居下来，娶妻妾，置家财，不再像以往一样遭人冷落和衣食无着。暂时的安逸，使重耳忘却了流浪时的窘困和在齐国寄人篱下的处境，他萌生了在齐国长住下去的念头。他的妻子姜氏提醒他说："行也，怀与安——留恋安居，实则会败坏你的名声。"

于是重耳离开了齐国，几经曲折，最后在秦穆公的帮助下，终于回到晋国。在归国途中，想到自己即将成为晋国之君，享尽荣华富贵，再次流露出贪求安逸的思想，将吃剩的饭菜、用过的破旧衣物全部扔掉了。这时重耳手下的大臣狐偃就规劝他说："以前公子在患难中能够发奋图强，现在要做国君了，就开始贪图享受，不知这会导致什么样的结果，请允许我就此辞去。"

重耳听后终于意识到自己的过失，他流着泪向狐偃认错，并吩咐从人将扔掉的东西重新捡了回来。此后重耳时时不忘忧患，终于成为春秋五霸之一。

从以上事例可以得出结论，树立忧患意识，充分认识自己所处的艰难处境，往往会激发人们励精图治、克服困难的强烈信念。每个人自身都蕴含着巨大的能量，险恶的生存条件、不幸的个人遭遇、艰难的生活处境，经常会导引这种能量的挥发，从而使人战胜挫折，实现一种命运的转机。相反，生活的安逸，常会使人懈怠，陷入种种满足而停滞不前。而生活的奢华和精神上的停滞一旦萌生，就很难止住，灾难也就要降临了。所以孟子曾感叹地说："上天如果要某人完成一项大的使命，一定先要使其心志经历烦恼，让他筋骨劳累、肠胃饥饿、自身穷困，并且使他的每一行为总是不能如意。借此来震动他的心志，坚韧他的性情，增加他的耐力了。"

隋珠弹雀

"隋珠弹雀"的故事，出自《庄子·让王篇》。

春秋战国时期，鲁国的国君鲁哀公，听说颜阖是个贤明的人，就想请他出来为鲁国出点力，于是，鲁哀公便叫人给颜阖送去了一份厚礼。颜阖家境非常贫困，住在一个破烂不堪的村子里，这一天颜阖披着件粗麻布旧衣，正给牛喂草。鲁哀公派的人便进来了，他高声向颜阖问道："喂，这儿是颜阖的家吗？"颜阖回答道："是的，这是我的家。"来人这才知道，原来他就是颜阖，赶忙走上前去，说明自己的来意，将所带礼物当面点清，然后将礼物交给颜阖。颜阖执意不受，对来人说："恐怕是你听错了。要是送错，你会获罪的，还是回去问问清楚吧！"那人就这样被打发走了。隔了一会儿，那个人又回来了，并对颜阖说："没有错，这礼物就是送给您的，求您无论如何一定要收下！"说完，那人放下礼物就走，颜阖无法再推辞，只好收下了。

庄子讲完这个故事，发表了一通自己的看法。他的大意是："颜阖无意于富贵，富贵送上门来，可他并不欢迎，这样的人是难得的。一般的世俗君子，不惜冒着生命危险，去追求荣华富贵，岂不悲哉！"其实道理很简单：如果有这样一个人，以"隋侯之珠"，去弹"千仞之雀"，人们一定会笑他是个大傻瓜。为什么呢？因为他所用的珍珠太贵重，而所打的麻雀太轻微，两相比较得不偿失啊！那么，生命难道不比宝珠更要贵重得多吗？为什么轻易以生命为代价去求取富贵呢？

所谓"隋侯之珠"，是一颗神话传说中的宝珠。据说，在春秋战国时期，隋国的国君隋侯，曾经救过一条受了重伤的大蛇，大蛇为了报答他的救命之恩，给他衔来了一颗直径约 1 寸的夜明珠。人们把它作为天下最贵重的珍珠，后来人们就把这颗宝珠称为"隋侯之珠"。

用"隋侯之珠"作弹丸，去打飞翔于高空的麻雀，这是极不划算的。隋珠弹雀的故事，说明无论做什么事情都要衡量付出与收获的比例，切忌事倍功半，以高昂的代价获取微薄的收获。应该努力争取做到事半功倍，以较小的代价获取极大的成果。

一屋不扫，何以扫天下

事物之间是紧密联系、不可分割的。从一些细微小事上往往能够看出一个人处理大事的才能，只有志大才疏的人才不愿或者不屑理会一些小事，正如《说苑·政理》中谈到过的："智慧就在于能够发现事物的必然联系以及对事物本身的深切了解，一味务虚的人是不能委以重任的。没有自身的修养和智慧的心性，只推诿于社会而不言及自身者只能是清谈家。"

《列子》中讲述了一个这样的故事：

杨朱是战国初期的哲学家。有一天，杨朱去觐见梁王。梁王请杨朱在客位坐好，开口问道："杨先生对寡人有何指教？"杨朱说："我今天特来与大王讨论治国的道理。如果大王能听从我的主张，那么治理天下就如同在手掌内玩弄物品一样轻松自如。"

梁王听了，不以为然，笑了笑说："先生有一妻一妾都管不好，家里的3亩园田都种不好，竟然说治理天下像玩弄物品，岂不是在说大话！"杨朱不慌不忙答道："大王见过牧羊的情况吗？一群羊有上百只，让一个小孩子拿着鞭子跟在后面，想叫羊群往东走，羊群就往东走，想叫羊群往西走，羊群就往西走。假如让古代圣君尧牵着一只羊，让舜拿着鞭子跟在后边，羊却不能那么听话。这说明能做大事的人，未必能做得好小事。我听说，能吞没小船的大鱼，不在小河支流里游泳；凌空翱翔的鸿鹄，不会聚集在污浊的浅水池塘上。这是为什么呢？因为它们的目标非常远大。黄钟、大吕这种庙堂音乐，不可能与一般的杂曲俗曲一起合奏。为什么呢？因为它们的音域非常宽广。将要做大事的人不去计较小事，将要成就大功的人不去追求微小的成就，这不是很明显的道理吗？"

梁王听了，觉得杨朱说得有理，这才认真地和杨朱讨论起治国方略来。

针对这个问题，孟子也说过：本人不依道而行道，在妻子身上都行不通，更不必说对别人了。使唤别人不合于道，要去使唤妻子也不行。

诚然，怀天下之志，要想实现理想，首先必须能够在自己的周围贯彻道德精神，做不到这一点，一切不过是空谈而已。

《孟子》中讲过这样一件事：

齐国有个叫陈仲子的人，他家有世代相传的禄田，他哥哥每年收入达万禄之多，他视之为不义，不吃，也不住在家里。

有一次回去，恰巧碰见有人送给他哥哥一只活鹅，他皱着眉头说："要这种呱呱叫的东西做什么呢？"

过了几天，他母亲杀了这只鹅给他吃，碰巧他哥哥回来，便说："这就是那呱呱叫的东西的肉啊！"

他立即跑出门去，吐了出来。

孟子因此评论说："母亲的食物不吃，却吃妻子的；哥哥的房屋不住，却住在于陵，这算伸张廉洁之义到顶点了吗？"

孟子的话是在向我们揭示：一个人若是真想施行某种主张，或达到什么目标，必然得从自身、从自己的周围做起，这是千里之行的第一步。胸怀天下之志固然是一件好事，但如果缺乏脚踏实地，从细微小事做起的精神，势必会流于空谈，从而使自己沦为众人的笑柄。治理国家，必须先治理好自己的小家。

友谊是人间最美好的东西

人们很难想象，一个缺少理解与心灵沟通的世界将会是怎样一种境况。人们同样很难想象，如果人与人之间的交往仅仅停留在一种物质的交易、财富的角逐和追求利益时的相互利用，那人间又将是怎样一种境况。

生活在一个以物质利益为主体构成的世界上，人们格外地珍重、更殷切地呼唤友谊。当一颗孤独的心渴望理解，当饱受创伤的心灵渴望抚慰，当嘶哑的呼唤渴望着回声，当深邃的思想渴望着共鸣的时候，友谊，便是人世间最美妙而动人的回答。

《世说新语》里记载着管宁和华歆割席断义的故事：

时当东汉季世，北海朱虚（今山东临朐东南）人管宁，与平原高唐（今山东禹城西南）人华歆，一起求学于异地。同窗之谊，亲如兄弟。华歆年长管宁一岁，管宁以兄事之。

且说某日，管宁与华歆在园中为菜圃锄草。日华初上，菜上的露珠滚圆晶莹，反射了太阳的七彩。管宁在前，华歆在后，默默地锄着，默默地想着；他们的思虑虽不一样，但大抵都是默念昨日老师对《周礼》的阐发。锄板插入黄土，在地表之下二寸深的部位作平行滑动；破土的声息，草根被斩断的声息，与二人微微的喘息声相应，糅合成荒古绝今的田园牧歌。

突然，锄下发出了金铁相格之声，管宁用力一拉，土块中翻出一片金子，黄灿灿的，甚是耀眼。管宁视而不见，与翻出瓦石无异，继续向前锄地。华歆锄到这儿，弯腰拾起了金子，向远方抛去。谁都未发一言，而旁观者对二人的举动有截然相反的评价。

还有一次，管宁、华歆同席并坐读书。日已近午，两人都有些腰酸背疼。管宁立起，从墙上解下佩剑，要自舞一番。华歆见状，亦取长剑，与之对舞。舞毕，复入座就读。不一会儿，门外大街上传来车马之声。管宁仍旧埋头读书，目不斜视；而华韵却站起来，伸了个懒腰，急急跨出门去观看。原来，是一个高官显贵乘驷马轩车，从街上招摇而过。华歆见状，面露艳羡之色，大丈夫固当出将入相也！

少息，华歆悻悻然入室。管宁早已用一把大剪刀将座席一裁为二。他将一半座席推开，让给华歆，而自坐另一半，又默然读自己的经书。华歆不解，忙问："贤弟分席，有何讲究？"

管宁还是不理，自顾读书。

华歆有些火了，非问个明白不休。

管宁微微一笑，答道："你我跟从一师，读一样圣贤书，但志趣并不一致啊！"

这则故事意在告诉我们，友谊是超越金钱物质以及所谓荣华富贵之上的纯洁的感情。被铜臭气以及世俗的追求污染的友谊不是真正的友谊。愈是具有真正品德修养的人愈是珍视友谊。管宁割席断义，实际上是对自己人格和真正友谊的一种维护。

另外，还应该充分认识到，友谊的建立，首先需要彼此对人格价值有一个基本的趋同和认可。友谊，因其珍贵而容不得半点虚假，它建立于真诚以及彼此对对方志趣情操的充分理解之上，友谊一旦掺进了"沙子"，马上就会变得黯然失色。

海鸥不会再落下来

一位哲学家曾这样概括友谊的真实内涵：友谊是灵魂之间架起的桥梁，它超越金钱物欲和庸俗的生活享受，在个体情感之间碰撞出和谐而自然的火花。

富有人情气味的中国文化，非常重视这种超越物欲、属于纯粹心灵的情感沟通。它是人与人真实人格和道德修养的融合，一如孔子所说，也是帮助和提高仁德的最好情感。

在历史上，智者、先哲们关于友谊有许多富有见地的论述：

曾子说，君子用文章学问来聚朋友，同时用朋友帮助自己，培养仁德。

在论及交友的原则时，孟子说，不倚仗自己年纪大，不倚仗自己的地位，不倚仗自己兄弟的富足。交朋友，是因为朋友的品德高尚而去结交他，因此心中不能存有任何有所倚仗的观念。

孔子进一步论述了结交朋友的几种类型。他认为：有益的朋友有三种，友直、友谅、友多闻；同正直的人交朋友，同见闻广博的人交朋友，同诚信的人交朋友，便有益了；而同谄媚奉承的人交朋友，同当面恭维、背后毁谤的人交朋友，同夸夸其谈者交朋友，便有害了。

《列子》中讲述了一个这样的故事：

有一个住在海边的人非常喜欢海鸥。每天早晨太阳刚刚露出海面，他就来到海边和海鸥一起玩乐。那些海鸥对他一点儿也不畏惧，不一会儿就有100多只落到他的身边。这人的父亲对他说："我听说海鸥随同你一起玩乐，毫不畏惧，亲密无间。你乘机抓几只来，让我也玩一玩。"

第二天清早，这人又来到海边，准备抓几只海鸥带回去送给父亲。可是，不知为什么，这一天飞来的海鸥只是在空中盘旋，却没有一只飞落到他的身边。

有人听说这件事后，就问列子这是什么缘故。列子说："最精妙的语言，是不用语言传达的语言；最高尚的行为，就是不怀功利目的的行为。如果一个人把自己的智慧和才能仅仅用于实现狭隘的功利目的，就显得很浅薄了。鸥鸟不愿再亲近那个人，也许就是鄙弃他的卑劣用心。看来人们只有保持天真的本性，消除利害之心，才能使自己的意志和客观事物相统一，使自己的行为顺应物理，达到目的。"

这则寓言告诉我们，友谊必须靠真诚来获得，一旦其中掺入了虚假的成分，必然会导致这种珍贵友谊的丧失。

现代社会，交通、通信事业的发达，贸易商业事务的需要，人们之间的沟通、了解进一步广泛。愈是在这种喧嚣、紧张的社会里，人类便更需要一种超越日常事务，超越物欲的精神上的情感抚慰，友谊就显得更加珍贵。因此，用理解去获得沟通，用真诚去获得友谊，人的精神世界才会变得充实而多彩。

友谊可以超越时空存在

几千年来，在历代文人智者的笔下，友谊始终是一个吟诵不衰的主题。的确，在人类具有的美妙情感世界中，友谊是最具圣洁、朴素、超脱、永恒的一种。它给人抚慰、催人向上、予人鞭策、教人奋进。当人寂寞、孤困、无奈、疲倦之时，人们经常将一种真诚的友谊喻为能量源、催进曲、海岸温暖的避风港和春天碧绿的青草地。友谊，作为人类一种美妙而真实的情感体验，可以超越时间、空间存在，从而成为一种永恒的主题。

在中国古代智者的著作里，经常可以看到许多对于友谊的论述。甚至，他们是把友谊看作一种与生命同等重要的东西来看待的，就连生性旷达，喜自然而主张无为的庄子，对人世间这种美好的友谊，也格外的珍视。

《庄子·徐无鬼》中记载着他和战国著名哲学家、论辩家惠施的友谊：

有一次庄子给人送葬，经过惠施的墓地，他站在那里沉默了一会儿，回过头来忧郁地对跟随他的人说："郢地有个泥水匠，一点白灰正沾在他的鼻尖上，薄得像苍蝇的翅膀。让名叫石的匠工替他削去白灰。于是，这个匠石挥动着板斧呼呼地发出风的响声，郢人听任匠石削掉了它，鼻尖上的白灰完全削去了，可是鼻子丝毫没受损伤，郢人若无其事地静立不动面不改色。后来宋元君听到这件事，召唤匠石到来，说：'试试给我表演一次。'匠石回答说：'我确实曾经能削掉鼻尖上的白灰。虽然情况是这样，但是我所削砍白灰的那个伙伴已经死去很久了。'自从惠施老先生死后，我再没有人作为合适的伙伴了，我没有能在一起深谈的人了。"

庄子通过这个故事说明了他和惠施的友谊。在庄子的一生中，这也是少见的真挚纯厚感情的流露。庄子没有否认超越死亡和生命本身的友谊，郢人和匠石的故事本身告诉我们：真正的友谊绝不是一种物欲交往和利益的利用。它超然物外，使人神思在广漠的智慧空间结伴遨游；它超乎空间，使这种美好的情感在无限的空间中扩展，在无限的时间里流传。它在智慧之间架起桥梁，使崇高的人格情操得以融合。庸俗的情感，无法与之比拟；自私的享乐，无法与之相提并论，它作为一种高尚的人类精神和智慧的自然结晶，必然超越时空而永恒存在！

人生得一知己，足矣

在世事纷纭的大千世界里生活的人们，在人生舞台上苦斗拼搏之余，每每发出这样的感叹："人世艰难。"的确，作为人类个体，在其谋求生存的过程中，面对世事的纷繁复杂，时常会显得脆弱无奈。艰难，作为人在社会面前感到的一种惶然、困惑和心灵的疲倦，常会引起人们一种共识。在这个时候，人们愈是会渴望为心灵寻找一种寄托，一种能够为自己带来解脱的精神慰藉。人们呼唤友谊，呼唤爱情，呼唤感情的理解和共鸣，呼唤一种生命的相依相托。人生能得一知己，无疑是一个人生命历程里的一大幸事。

《吕氏春秋》里记载着这么一个关于知音的故事：

伯牙善弹七弦琴，是春秋时代有名的琴师。

有一天，俞伯牙来到泰山北麓游玩。忽然阴云四合，下起了暴雨，俞伯牙赶紧跑到山崖下避雨。可是，雨越下越急，俞伯牙不禁心中有些懊丧，便从琴童手中接过琴来弹奏消遣，不知不觉那琮琮铮铮的琴声奏出了霖雨的声韵。这时，一个叫钟子期的年轻樵夫也来崖下避雨，听见俞伯牙的琴声，脱口赞叹说："这琴声正像是狂风骤雨！"俞伯牙心中暗自一惊，想不到一个樵夫竟然有如此高明的欣赏能力，不由得瞟了他一眼，手指随着格外加力，弹奏出山崩地裂般的声音。钟子期听了，又点头说道："大雨滂沱，山岩崩颓了！"于是，俞伯牙推开琴，走上去握住钟子期的手，说："原来你也很懂得弹琴啊！"钟子期谦逊地说："不过略知一二。"这时已经雨过天晴，灿烂的阳光重新照遍山野，二人坐在石头上亲热地攀谈起来。俞伯牙发现，钟子期虽然是个樵夫，然而学识渊博，深谙乐理，具有高尚的志趣和情操，便说道："让我再弹几首曲子，请君欣赏。"说着就取琴弹奏起来，曲调铿锵，节奏鲜明，表达的是一步步攀登高峰的情景。钟子期听了说："好啊！仿佛巍峨的泰山就在眼前！"接着，俞伯牙弹起了另一首曲子，琴声时而低沉，时而激昂，时而急促，时而舒缓，内容表达的是瀑布从山巅倾泻下来流向远方。钟子期听了说："啊！我似乎看见浩荡的江河在奔腾，听见了激越澎湃的浪涛声！"俞伯牙又连续弹了几首曲子，不管他寄寓什么情怀，钟子期一听就能心领神会。俞伯牙激动地说："你真是我难得的知音！你对我琴曲的理解和感受，和我内心的寄托完全一致！"从此两人结下了生死不渝的友谊。

后来，钟子期去世了，俞伯牙到坟上去祭奠。他取出瑶琴弹了一曲悲歌，泪流满面地说："子期一去，知音绝矣！"说罢，从衣袋里取出金错刀，割断琴弦，双手举起琴向坟前一摔，将琴摔得粉碎。从此，他终身未再弹琴。

这个"高山流水"的故事告诉我们，人生获得一位知音是很难得的，他在很大程度上成为一个人心灵存在的精神寄托，而一旦失去了这种寄托，生命马上会变得黯淡无光。反过来，它也会给人注入新的生机和活力。

平静闲适是一种理想的生活

在道家看来，心灵的平静闲适，不仅是生活理想，也是与自然相通的道德理想。换句话说，对于生命而言，最尊贵的就是生命本身。生命精神的闲适自然，才是人的真性所在。

《庄子·让王》中讲述了一个这样的故事：

颜回是受孔子器重的弟子。孔子曾经说，颜回的道德已经差不多了，可是常常穷得没有办法。但他安贫守道，不出不仕。

孔子对颜回说："颜回，到前面来！你家境贫苦，居室简陋，为什么不求个一官半职呢？"

颜回回答说："不愿做官。我在城外有 50 亩地，足够供给饼粥；

城内有 10 亩地，足够生产丝麻；弹琴鼓瑟，足够自我消遣；学习老师传授的道理，足够自寻乐趣。我不愿意去做官。"

孔子感慨地改容变色说："很好呀，你的愿望！我听说过：'知道满足的人，不因外物利益自寻烦恼；真正闲适自得的人，蒙受外物损失也不焦急。修养德行于内心的人，没有官爵地位也不感到失面子。'我叨唠这些话很长时间了，今天在你身上才算看到了它，这是我的收获啊！"

这个故事与老子主张的"鸡犬之声相闻"的小国寡民生活理想相较，颜回的生活毕竟还是在现实的社会中。不贪求利禄，不贪图功名，有口腹之供，有音乐学问，而后修养性情，闲适平静，足矣！在道家看来，这是生活的极致、修养生命的大道。

杜绝欲望，不为利禄累害自己，顺着自然的本性，生活于现实但首先满足自我精神，在今天看来，亦不失为一种生活之道。

这种观点，也许有人会说是迂腐之言。陷入欲望之海，痛苦忌恨，忙于无意义琐事劳神苦心，因恐惧世人议论而奉迎曲就，为求地位而屈从权势。两者相较，能暂时远离嘈杂的世间，躲进闲适平静的世界，未必就不是一种享受。进入另一境界，不是隐匿，也不是逃避，所谓躲进小楼成一统，杀我所乐，修养心性，外人之言又何足道哉。

庄子说："最大的无过如天地，然而天地无所求，它却是最完备的。知道最完备，而无所求取，无所丧失，无所舍弃，外物就更改不了自己。追求自己而不穷尽，顺其自然而不粉饰，这叫做人的真性。"

庄子的意思是，为求生而生，永远也没有完备的时候，反而终生为外物所累；反其常规有所舍弃，超脱一些寻求自己，返璞归真，则其乐无穷。

"活得太累"是人们常挂在嘴边的口头语。这类抱怨实在是因为生活太完备所致，为了身外的一切忙碌，而单单忘了自己，一切都不愿舍弃，结果是，劳形苦心，一无所获。

忘却烦恼也是一种幸福

《列子》中有一个这样的故事：

古时候，宋国有个地方叫阳里。阳里有个人名叫华子。华子到了40多岁，得了健忘症。他上午拿到东西，下午就忘记了；晚上给他的东西，第二天早晨就忘记了；在路途上，会忘记继续走路；在房间里，会忘记坐下来休息；今天不记得昨天的事，明天不记得今天的事；不记得什么在先什么在后，不知道什么是过去什么是未来。全家人都为他这病而苦恼，千方百计地给他治疗。但是，请了主管祭祀的史官为他占卜也毫不灵验；请来巫师为他祈祷也毫无作用；请来医生为他下药最终也毫无效果。

鲁国有一个儒生，听说了华子的病情，来到宋国阳里，对华子家的人说："我能治好这种健忘症。"华子的妻子儿女听说后都非常恭敬地接待他，并且说："先生若能治好我家主人的病，我们情愿用一半家产作为对你的酬劳。请先生开个药方吧！"鲁国的儒生说："这种病用占卜和祈祷不能取得效果，而且针灸服药也不可能治好。待我试用攻心的办法，调整他的心态，改变他的思虑，也许能够使他痊愈。"

于是，儒生让华子脱去衣服站到院子里，华子感到寒冷，连忙喊着要穿衣服。儒生又让华子连续几天饿肚子，华子忍受不了，连连喊着要东西吃。儒生把华子关进一间黑屋子里，华子什么也看不见，喊着要人拿灯火来照明。儒生看到这种情形，高兴地对华子的儿子说："你父亲的病看来可以治愈了。不过我用的是家传秘方，不能告诉外人。请让侍候的人都离开，由我一个人单独和病人一起住上七天七夜，到时候包管治愈。"

华子的儿子按照儒生的要求，把华子和儒生安排在一个单间居住。儒生把门窗关得严严的，华子家的人都不知道儒生在里面施用些什么办法。七天七夜之后，华子的健忘症，果然治好了。

可是，华子恢复记忆、头脑清醒之后，却怒不可遏地训斥妻子，责罚儿子，拿起宝剑要杀为他治病的儒生。人们连忙拦住华子，问他为什么这样不通情理。华子喊道："过去我什么都忘掉，心里空空荡荡，无忧无虑，连天地都不知道是否存在。现在一下恢复了记忆，以往几十年间的存亡得失、喜怒哀乐、千头万绪，纷纷攘攘，全都涌上了心头，实在令人心烦。将来遭遇的存亡得失、喜怒哀乐，恐怕会比现在更为严重地扰乱我的心绪。然而这病一治好，再想求得片刻的遗忘和安宁，也做不到了！岂不可痛可恨！"儒生和华子家的人都感到无可奈何。

这个故事多少有些夸张，但的确是揭示了人类对于痛苦烦恼的无奈和应该如何正确看待烦恼的问题。

忘记烦恼并不容易，但应该说是明智之举。像华子的健忘在他自己看来还是一种幸福的境界，但一清醒地回到现实，就又掉进了痛苦的深渊，又要经受无休止的煎熬。忘却，在某些时候，是确实需要的，但忘却烦恼，却需要我们用意志去努力争取，才能实现。

烦恼与痛苦，是现实世界中人们必须面对的现实，尤其是现代社会，人类生存的痛苦并未大起大伏，但却是深刻而又无处不在的。但无论如何，解除烦恼的途径在于我们自己。既然有些痛苦摆脱不掉、解决不了，那么，为什么不想办法忘却呢？

背负着过去的痛苦，夹杂着现实的烦恼，这对于心灵而言，无任何益处，反而会造成厌倦和悲观的生活情绪，与其这样，超脱地忘掉，不也是种幸福吗？不也是一种明智的选择吗？这不是让人去逃避，而是有所忘记之后去奋力进取，把有限的精力放到更有意义的事情上来。

第八章

生命：每个人必须面对的命题

生与死，不是以生作为标准来判断死，亦不必因死亡迟早会到来而厌弃生。人在世上死去，怎么知道不是在另一个世界的新生呢？死亡有什么值得忧虑，值得害怕呢？死亡固然不同于生存，然而那些苦苦追求长生的人岂不是经受着心灵的困惑？到头来，也总是要面对死亡的，还不如乐观地度过生存的日子，永怀感恩之心，感恩生命的伟大，感恩生活的美好。

生死问答

在讲述亚里士多德哲学的开场白中，德国哲学家海德格尔这样介绍亚里士多德的生平："他出生，他工作，后来他死了。"海德格尔的开场白可谓言简意赅！如果这句话改为"他出生，后来他死了"，就可以用于介绍任何一个曾经来到过这个世界的人，因为有的人一生不曾工作。生和死，对于每个人来说，都是不能逃脱的宿命。关于生死，古希腊哲人曾经说过很多隽永的格言。

——有人在与阿那克萨戈拉讨论生老病死时，问他怎样去体会死亡的滋味，阿那克萨戈拉回答说："就像从寒冷里体会酷热，从苦涩里体会甘甜，从黑暗里体会光明。我从生的滋味里，体会死亡的滋味。"

——有人曾问阿那克萨戈拉，一个人的生命是应该来到这个世界，还是不应该来到这个世界？阿那克萨戈拉抬头仰望着夜空，笑着说："为了观赏美丽的苍穹，每一个人都应当选择降生。"

——雅典城的一些富翁死前总要为自己建造一座富丽堂皇的坟墓，当有人就此向阿那克萨戈拉请教时，他回答说："他们的目的是使财产变成石头。"

——在法庭申辩时，苏格拉底曾说："没有人知道死后的情形，大家却怕死，仿佛确知死是最坏的境界。我本人绝不害怕和躲避好坏尚不知的境界过于明知是坏的境界。"在临死前，与学生讨论生死问题时，苏格拉底说，哲学就是学习死，学习处于死的状态；真正的哲学家一直在训练死，训练自己在活着时就保持死的状态，所以最不怕死，因为死无非是灵魂与肉体的相互脱离，而哲学所追求的正是使灵魂超脱肉体。

——一个满脸愁苦的病人问安提丰："活着到底有什么意义？"安提丰说："我至今也没有弄清楚，所以我要活下去。"安提丰的回答让对方禁不住笑了起来。

——有人问第欧根尼："死是不是一件坏事？"第欧根尼回答说："当死出现的时候我们还不知道，它怎能是坏事呢？"

——伊壁鸠鲁对生死看得很轻松。他说："一般人有时逃避死亡，把它看成最大的灾难，有时却盼望死亡，以为这是摆脱人生灾难的休息。""一切恶中最可怕的——死亡，对于我们是无足轻重的，因为当我们存在时，死亡对于我们还没有来，而当死亡时，我们已经不存在了。""死与我们无干，因为凡是消散了的都没有感觉，而凡无感觉的就是与我们无干的。"

——有人问亚里士多德："你和平庸人有什么不同？""他们活着是为了吃饭，而我吃饭是为了活着。"亚里士多德回答说。

——有人问亚里士多德，受过教育的人与没有受过教育的人差别在哪里。亚里士多德回答说："这就如同活着的人与死去的人之间的差别。"

人的生命最为珍贵

有生命的存在，自然界才丰富多彩，芸芸众生中，人的生命尤为珍贵。之所以这样说，人类的生命是最具智慧的生命。关于生命的价值，中国的古人早就有深刻的认识。

《庄子·让王》中有这样一个故事：

古公亶父，是周朝的始祖，周文王的祖父。他最初带着他的人民居住在邠地，当时，北方的狄人攻打他，他送去了皮裘和丝绸等珍贵的货物，狄人不接受，他就把部落的猎犬和战马送去做求和的礼物，但狄人仍进攻不止，他们要的是邠地。

亶父面对他的子民们，沉痛地说："和人的哥哥一块居住而让他的弟弟被害，和人的父亲一块居住而让他的儿子被害，我实在不愿意这样，你们都勉力去自己求生存吧！"

人们都看着他，没有人动，他又说："做我的臣民和做狄人的臣民都一样是臣民，有什么不同？而且，我听别人说，不要为了养人的土地去杀害所养的人民。我这样决定了，你们自己去求生存吧！"

说完，亶父就拄着拐杖离开了邠地。老百姓都追随他，他们推车携幼，跟在他身后。后来，在岐山下，他们建立了新的国家。

庄子说："像古公亶父这样，可以说是真的珍惜生命。"庄子这里谈的是做人君对生命的珍惜——这在庄子认为无疑是生命的真智慧。

中国古代文化，无论道家还是儒家，无不带有注重现实世界、现实人生的共同特点，换句话说，它们肯定的都是现世生命。儒学的中心是"仁"。《中庸》中说："仁者，人也。"

208

庄子则更注重纯粹生命的珍贵，即，生命不应是为求利禄的行尸走肉，不应是为权势所奴役的工具。

庄子说："能尊重生命的，即使富贵也不以奢靡而伤害身体，即使贫贱也不以利禄累害形体。"

生命是珍贵的，庄子的意思是：珍贵的是不拘于身外一切世俗的纯粹生命。

生命在梦境与真实之间徘徊

欲望、情感、疾病、死亡无时无刻不在困扰着我们，事态变化让人难以猜测。某件事，放在一个环境中是一回事儿，放在另一个环境中就又是另外一回事。加之考量事件的观念、标准太多，变化也就不足为奇了，正所谓"假作真时真亦假，无为有处有还无。"人世间的真真假假、是是非非，人是很难把握和体察的。

《列子》一书讲过这样一个寓言：

春秋时，郑国有位樵夫无意中得到一头鹿，想等回家时再带回去，于是就找了个隐蔽的水沟把鹿藏了起来。但回家时他只顾兴奋，竟忘记了所藏的方位。直找得恍恍惚惚，后来，以为自己不过是想象而已。回家后，逢人便讲及此事，觉得真是个梦幻。

一个闲汉听到后，根据他提供的线索，找到了那头死鹿。回到家里，把一切讲给妻子听，并评论说："他做的真是个好梦啊！"

他的妻子回答说："怕是你做了打柴者得鹿的梦呢？什么打柴的，说不定根本就没有这个人，瞧你，倒真的得鹿回来，八成是你自己真在做梦。"

"不管是不是梦，鹿反正在这儿。"闲汉说。

后来那个打柴的樵夫日有所思，夜里真的做了梦，不仅梦见藏鹿的地点，还梦见把鹿拿走的人。第二天他按照梦境的提示径直找去。为了那只鹿，闲汉与樵夫争执不休，直吵到法官那里。最后法官判为一人一半。

郑国的国君听说这事感叹说："那法官是不是也在梦中为他们分鹿呢。"

这则寓言故事说的是，事物可能是存在的，但由于种种事端，人的感觉变化却虚幻无常，不仅难以把握事物，也很难把握自己。本是真的却以为在做梦，而本来是梦，却依着梦的指引去行动，这也足以说明世事心灵的变化，不是仅仅抛去"不求知天"之后，理智就能够完成的。理智所及的范围毕竟还是狭窄的，许多时候，人间的是是非非，身处其中则观不到全体，身处其外又不知实情。理智有所不及，感觉又未必可靠，而世事的变化并非总是真实，常又混杂着假象。所以，像寓言故事中虚幻无常之感的产生，也就极其自然了。

世事无常很可怕

庄子说："人经常睡在潮湿的地方，就会患腰疼或半身不遂等疾病，泥鳅长期生活在这种环境中，也会出现这样的情况吗？人一旦爬上树，内心里就会恐惧不安，猿猴长期生活在树上，也会出现这样的情况吗？西施长得很漂亮，为什么鸟兽见了却要逃避呢？这三者之中，谁才是正确的生活习惯呢？根据上面的问题，可以得出，世间的是非纷然错乱，在哪里可以找到正确的办法进行分辨呢？"

　　毫无疑问，庄子夸大了事物的相对性，同时也讲出了人世间有些事情难以分辨，理智也有穷尽的时候。特别是人所处的环境中，人与人之间的交流，要远远多于人与物之间的交流。人的欲望就像是一个无底洞，永远不会有止境，为了名利争夺不休，从而使生命更加窘迫，这就是人们通常说的"人心叵测"。

　　《吕氏春秋·审应览》中有这样的故事：

　　宋国的国君一次问唐鞅说："我已经杀了不少人，可是，臣子们还是不怕我，这是为什么？"

　　唐鞅答道："你判罪的那些人，都是坏人。把坏人判了罪，那些好人当然一点都不怕。如果不分善恶，单凭自己的情绪，就把他们判罪，这样一来臣子们就没有不怕你的。"

　　过了没多久，宋君就把唐鞅杀了。

　　唐鞅之死可谓是始料未及，的确可算作生命无常的证据。这是因为，在欲望膨胀、是是非非没有裁定的标准时，人很容易招来杀身之祸。唐鞅虽然是个聪明人，但他有一个致命的弱点，就是混淆了是非。尽管他对宋国的国君说的话不是恶意的，但却死于自己所设的陷阱之中。

　　对于人而言，如果陷入人性的迷乱之中，必然会踏进沉沦之途。人对世事无常的感慨，就像荀子所坚持的天道一样。人被身外之物所奴役，整天除了痛苦和失望外，不会有任何收获，从这个角度就可以很好地解释生命无常了。

　　庄子非常厌恶人世间的种种纷争，他曾这样说："摒弃追求名利的想法，放下尔虞我诈的念头，丢掉投机取巧的做法，体会大道的力量，让心沉醉于寂静的境界，感受自然的本性。只有这样，才能做到任何事物的到来或离开，都能够泰然处之；任何事物的出现，都不会因此而困惑；任何事物的存在，也不会因此而伤到自己。"

生命的目的比生命本身更重要

庄子认为，目的是生命的最高境界，人活着不是为了身外之物，而是为了活出生命的本性，这里的本性指的是精神自由。

庄子对生命给予充分的肯定，但他肯定的是生命的本身，神形合一的精神境界。换句话说，庄子肯定纯粹的生命，这种生命不为尘世所累。尽管生命与肉体紧密相连，但却超越了肉体生命所要承担的一切凡俗之事。这里，庄子没有必要解释生命的目的比生命更重要，因为生命的目的就是生命自身的真实性。庄子的这一观点，在某种程度上，更加接近生命目的的本质。

庄子说："刑罚、奖赏、仁德、礼仪，是精神的最低建筑。圣人不需要这些。圣人的生命贯穿于道之中，融合于德之中，用不上仁义和礼乐。内心平静，是圣人的人生境界。"

在庄子看来，精神的自由和安详，比生命被外界事物所困扰更重要。要想达到这种境界，需要放下常人无法放下的东西，需要舍弃常人无法舍弃的东西。

《庄子·秋水》中有这样一个故事：

庄子在濮水钓鱼，楚威王知道后，就派了两个大夫前去找他，说："楚王非常羡慕你的才华，想请你为我们的国家处理政事。"

庄子只管拿着钓竿钓鱼，头也不回地说："我听说楚国有一只神龟，已经死了3000年了。楚王不舍得扔掉它，用竹箱装着用手巾盖着，珍藏在庙堂之中。请问二位大夫，这只龟是愿意死去被留下骨头而得到珍重呢，还是宁愿活着在污泥之中摇头摆尾呢？"

两位大夫说："当然它宁愿活着能在污泥之中摇头摆尾。"

庄子说："既然二位明白这个道理，我也就不再多说什么了，请你们俩回去吧！我也喜欢在污泥之中摇头摆尾。"

在功名利禄、荣华富贵与精神自由之间，庄子毫不犹豫地选择了后者。庄子的这一举动，表面上看是追求生命的本身，实际上他不为荣华富贵所羁绊，自然就超越了生命的本身，肯定了生命的目的和精神的自由。

庄子追求生命与天地合一的精神境界，许多人无法理解。但他认为，想方设法追求身外之物，才是生命目的在世俗中迷失了方向；尊重生命目的，是人生至高无上的境界。

成仁取义是个问题

《庄子·天道》中记有这样一个故事：

孔子往西准备把经书藏到周王室去。子路出了个主意，说："我听说，周王室掌管典籍的史官有老聃这么个人，已经退隐归家。先生想藏书，就不妨去求助于他。"

孔子说："很好。"

孔子前往去拜见老聃，但老聃不答应帮忙，于是孔子便翻检众多经书反复解释给老聃。

老聃中途打断了孔子的话头，说："太烦琐了，我想听听当中的要旨。"

孔子说："要旨就在仁义。"

老聃说："请问，仁义是人的本性吗？"

孔子说："是的。君子不仁就不成其为君子，不义就不能生存。仁义，真正是人的本性。除此之外，还干什么呢？"

老聃说："请问，什么叫仁义？"

孔子说："内心和乐而平易，兼爱无私，这就是仁义的道理。"

老聃听完后，并不同意孔子的说法，并对孔子讲了很多道理，"噫，危险啊，你后头说的一些话！那兼爱，不是太迂腐了吗？说是无私，实际便是自私。先生要想使天下的人民不失去教养吗？那么，天地本来就有常规啊，日月本来就有光明啊，星辰本来就有序列啊，禽兽本来就有群居的习惯啊，树木本来就有直立生长的本能啊，先生只需依照着事物的本性去办，遵循着事物的规律去走，这就已经足够了，又何必拼命地打出仁义的旗号，好像敲着响鼓来寻找逃亡的人一样。噫！先生简直是扰乱了人的本性啊。"

据说孔子曾问道于老聃，但是不是为藏经书却也未必。庄子作为道家的重要代表人物，又出生在孔子之后，所以借一些也许是虚拟的故事来批评孔子学说，属于情理之中的事。但是，的确可以发现两家学说的区别和相通之处。

儒、道两家都主张天地与我并生，万物与我为一，但在此基点上，各自的方向却恰好相反。道家要生命归入本然状态，而儒家却主张要弘大生命——即成仁取义。

成仁取义，是儒家学说的核心，亦是儒家人格的重要组成。

孔子言仁，有两方面的意义：一是人所以为人的本质及天性，即：人格；一是指主宰万物的天所具有的德行。这二者的本质要达到善，而实施的途径则是"修己以治人"，即忠和恕。

朱熹曾解释说：注重自我的人格修养就叫忠，把此推及别人和社会就叫恕。孔子主张以仁为自我精神的统帅，以义为人生价值的判断标准和手段，正如孟子所说的那样："仁，人心也；义，人路也。"

应该说，儒家对人生目的确定是极其富有现实感的。

关于此点，《孟子》中有这样的记述：

鱼，是人所喜欢的，熊掌也是人所喜欢的，如果不能兼得，就会牺牲鱼，而要熊掌。

同样，生命是人所喜欢的，义也是人所珍重的，如果两者不能并有，便牺牲生命而要义，因为有比生命更重要的东西。

一盆冒热气的饭食和汤，一个人饿得走不动了。大声呵斥般地叫他过来吃，他宁愿饿死也不会吃。如果过来的是一个乞讨的叫花子，把食物用脚踩过再给他，他也会不屑于要的。

孟子所说的，在告诉我们：生命，是不应以牺牲个人的人格而求生存，而应该追求超出生命本身宏大高尚的目标，这是人的天性，也是人生的价值和意义所在。

生与死，一往一返

列子本名列御寇，道家学派的杰出代表人物，创立了先秦哲学学派贵虚学派（列子学）。生与死在列子看来，不过是相对的一体。无生，无死，所以也就没有忧愁，没有快乐。关于这一点，《列子·天瑞》记述了这样一件事：

暮春时节，年近百岁的著名隐士林类，披着破旧的皮衣在田地里拾取遗落的谷穗。他一边缓缓前进，一边高兴地唱歌。孔子在去卫国的路上遇见了他，对随行的弟子们说："那拾取遗穗的老先生，是一个很有知识的人，谁去向他请教一番？"子贡应声说："让我去试试。"

在田头上，子贡迎面走近林类，感叹道："咳！老先生这么大年纪了，一边拾取谷穗还一边高兴地唱歌，难道就没有什么值得忧愁悔恨的事吗？"林类就像没有听见他的话，依旧脚步不停，一边拾穗一边唱歌。子贡连忙赶上去，向林类鞠躬施礼，再次恭敬地询问。林类这才停下脚步，抬头答道："我有什么可后悔的呢？"子贡说："您老人家少年时代不勤奋进取，成年之后仍是与世无争，年纪老了还没有妻室儿女，如今已是垂暮之年，还只靠拾取遗穗维持生活，晚生实在不理解像您这样度过一生还有什么值得欢乐，还这样一边走着一边唱歌！"林类直起腰来，抖了抖胸前的银须，呵呵笑着说道："我感到快乐的缘由是人人都有的，只不过他们不以为乐反而以为忧愁罢了。正是因为少年时代不让自己过分劳苦，成年之后也不去迎合世俗，争名夺利，所以我才能够这般长寿。老来没有妻室儿女的牵累，如今坦然地走向人生的最终归宿，我还有什么不值得欢乐？"子贡说："人人固然都希望长寿，然而死亡却是可怕的。老先生把死亡也看成乐事，晚生实在弄不懂究竟是为什么。"林类朗声答道："咳！年轻人啊！降生和死亡，就像一来一往。人在世上死去，怎么知道不是在另一个世界的新生呢？死亡有什么值得忧虑，值得害怕的呢？死亡固然不同于生存，然而那些苦苦追求长生的人岂不是经受着心灵的困惑？到头来，也总是要面对死亡的，还不如乐观地度过生存的日子，永怀感恩之心，感恩生命的伟大，感恩生活的美好。而且，我有朝一日告别人世的时候，怎能知道不比我当年降生的时候更加快乐呢？"

子贡听了林类这番议论，反复思索仍是不理解其中的含义，便回去把林类的话告诉了孔子。孔子说："我就知道这老先生有些知识，果然不错，只是他所掌握的事理还不完全透彻。"子贡说："请先生再深入地讲给我们听听！"孔子说："大家还是趁早赶路，究竟怎样看待生与死，待我慢慢地给你们讲说。"

这个故事显然有虚构之嫌，但它的确揭示了一种虚无却不乏深意的生死观。生与死，不是以生作为标准来判断死，亦不必因死亡迟早会到来而厌弃生。生与死，是自然的循环，既有生则必有死，所以推至极致，也就无所谓生死了。

"无"处便是故乡

对于死亡，达观也好，麻木也好。站在死亡的边缘回首顾望，所得出的结果终不免是一种虚无感。但在道家看来，这不过是俗人的感叹。

道家以及后起的禅宗都谈生命的"无"。他们以为，"无"并非空无所有，而是生命与天地的大道或佛性的相融合归本。"无"是生命的本原，亦是生命最终的归宿。

《庄子·应帝王》中讲了这样的典故：

在远古的时代，统治宇宙的有三位帝王。

南海的帝王叫倏，北海的帝王名叫忽，中间的帝王名叫混沌。他们经常来往，倏和忽常常到混沌的辖地里相会。混沌待他们也很热情。

倏和忽很感激，就商量想报答混沌的美意。他们注意到混沌没有七窍，就说："人都有七窍，用来看、听、饮食、呼吸，唯独他没有。我们试着替他凿开。"

他们就帮混沌开七窍，一天开一窍，到了第七天，混沌就死了。

庄子这里讲的混沌，实是其至大的道。混沌的真朴自然，是天地万物的本原，是无知无觉却又富有灵性的"无"。"无"生出了有，生成了万物也生成了生命。

所以，生命的最终归宿也就在于混沌，从混沌中来，重又归于混沌的自然和真朴。这是生命的最高境界。

庄子用倏、忽给混沌开窍的故事，比喻人的清晰的自我感觉和不能超越的功利性。这种生命在活着时的功利要求所带给人的是不能与自然大道相合的真正的死亡。

也就是说，庄子意在针砭的是人不能与万物相合的狭隘。抛开这种狭隘之处，人活着还是死去，就如倏和忽那样，是时常可以进入混沌之境——即真朴与自然的。混沌之境，乃是无论生、无论死都应效法的自然之道，是生命真正的归宿和故乡。

混沌即是"无"。

庄子说："人生天地之间，就像阳光掠过空隙，由无形变成有形，由有形返于无形，这是返归大本呀！"这里，大本就是混沌。

由此，便不难理解庄子"齐生死"的生命观。因为在庄子看来，生应顺应自然的大道——混沌，死应返回这一自然的本原。生与死，都是一个"无"，"无"才是我们真正的故乡。

有一次庄子与惠施辩论。惠子对庄子说："我有一株大树，人们称它为樗树。它巨大的树身上有很多赘疣疙瘩，因而不合用绳墨取直；它的小枝弯弯曲曲，因而不合用规矩求圆求方。它生长在路旁，经过的工匠连一眼都不看。眼前你的言论，就像这大树一样，大而无用，大家都抛弃它。"

庄子说："你偏偏不看看那野猫和黄鼠狼吗？它们弯屈着身子匍匐在暗处，以等待捉捕那出来活动的小动物；时常四处跳跃，不避高低；或被翻车中伤，或死在网罟之中。看看那嫠牛吧，它大如遮天的云块。这嫠牛能有大作用，但不能捕捉老鼠。现在你有一株大树，担心它没有用处，怎么不把它种植在寂静无为的土地上，广阔无际的旷野里，然后闲散地徘徊在它的旁边无所事事，逍遥自在地在它的下面卧寝憩息。这樗树不会被工匠的斧头中途砍伐，别的什么东西也不会去侵害它。这样说来，它没有可供工匠利用之处，又哪里有值得抱怨的地方呢！"

可见，在庄子看来，"无"并非只是空虚和颓唐，而是超然于物外，精神与天合一的逍遥和自由。这样地活着，然后顺应自然地死去，重新归于混沌一体的"无"，这才是生命的大道。这样，"无"才是我们永远的故乡。

人生本来就是一场梦

孔子有个朋友叫原壤。原壤的母亲死了，孔子前去吊丧。当时，原壤正站在母亲的棺材上放声歌唱。孔子没有制止他。

埋葬母亲后，原壤坐在地上，双脚张开等待孔子。

孔子指责道："你小时候不懂礼节，长大后也没有对社会做出贡献，到了这个年龄还在白白浪费粮食，你简直就是一个害人精。"

说完，孔子举起手中的拐杖，敲打原壤的脚踝。

"忠、孝、礼、义"是孔子思想体系中的精髓部分。原壤在母亲葬礼上的表现，是否在故意嘲弄孔子，已经无从知晓。但可以说明，并不是所有的人都根据儒学来规范自己的行为。

在中国的历史长河中，像原壤这样，把人生看作一场梦、视虚无是人生重要组成部分的人不在少数。所以，人生如梦，真真假假、假假真真，相互融合。庄子也是在此基础上，把生命看成"无"的。

庄子曾说："梦到饮酒作乐的人，梦醒以后，可能会在生活中遇到不如意的事情而哭泣；梦到伤心痛苦的人，梦醒以后，可以迎来一场打猎的快乐。当人处于梦境之中时，并不知道自己在做梦，有时梦中还会出现做梦的情况，醒来以后，才知道是自己在做梦。只有大智慧的人，才真正懂得人生就像大梦一场。愚蠢的人，自以为自己时刻保持清醒的头脑，以为自己什么都知道，其实这样的人什么都不知道。"

可以说，这就是典型的，对人生如梦发出的感叹。这种感叹，起源于对生命中遇到的各种事难以把握，才发出无可奈何的叹息。

《庄子·齐物论》曾讲到这样一个寓言：

影子的影子问影子说："正当我准备跟着你走的时候，你却突然停止不前了；正当我刚刚跟随你坐下来的时候，你却突然站立起来。你为什么反复无常，不能独自主宰自己呢？"

影子说："这样的小事儿，没有必要问我。我的所有活动，自己也搞不明白，为什么要这样做。我像褪掉的蝉壳吗？我像褪掉的蛇皮吗？似乎像似乎又不像。每当火光和阳光出现，我就出现了；每当夜晚和阴暗来临，我就消失了。我依赖火和阳光，其他的便没办法依赖了。火和阳光出现了，我就尾随而来；火和阳光消失了，我也就消失了。躯体在火和阳光下活动，我就跟随着活动。关于我的活动，没什么值得问的。"

庄子的意思很明显，人有的时候就像影子一样，命运就像玩偶一样，不知道为什么而活动，不知道自己在做什么，或者自己应该做什么。按照庄子的观点，我们的人生本来就是一场梦。

两种不同的精神境界

"我怎么知道生不是迷惑呢？我怎么知道死不是像自动流落在外而不知返回家乡那样呢？我怎么知道死了不后悔当初不该迷恋生呢？"庄子讨论生死，不仅仅是其对此感到迷惑。实际情况是，庄子所倡导的与万物归入本然，首先必须解决的问题就是如何看待生死。

迷失本性，执着外物，劳神苦心的疲惫，在庄子以为，这都是世人的枷锁和负担，只有死才能使人归入本真。所以，庄子不认为死是可怕的，相反，死是生命的幸福之域，是值得留恋的故乡。

《庄子·至乐》中的一个寓言故事：

庄子到楚国去，路上看见一个骷髅，干枯枯地还保持着原形。他拿马鞭把它敲了敲，便问道："先生是因为贪恋生存、背离情理以致落到这一步的呢，还是因为遇上了亡国的祸事，受到刀斧的砍杀因而成了这样的呢？是因为有不良的行为，十分羞愧，给父母和妻子儿女丢了脸才成了这样子呢？还是遭受了饥寒的灾祸而落到这样的呢？或者，还是你的寿数本来就只能达到这步的呢？"

庄子说过这些后，拿过骷髅，当作枕头睡觉。半夜里，庄子梦见骷髅对他说："你说的，都是生人的累患。死了，就没有这些忧虑。

先生，你要听听死人的情形吗?"

庄子说:"好吧!"

骷髅说:"死后，上面没有君主，下面没有臣子，也没有四季的冷凉热晒。从容自得，和天地共长久，连国王的快乐也胜不过这些呀!"

庄子不相信，他说:"倘若我让生命掌管者的神灵使你恢复形体，让你回到父母、妻儿身边，回到故乡的朋友那里，你愿意吗?"

骷髅听了，眉目之间露出忧愁的样子说:"我怎能抛弃国王般的快乐，回复到世上去承受人间的劳苦呢?"

庄子借此说明的是死的至乐和为生所累的劳苦。这里边有虚无、消极、避世的成分，但庄子的本旨却是嫉恶于世人迷于尘世纷争的可悲。

在庄子看来，生与死，已不单是或生或死的区分，而是两种不同的精神境界。下面的典故出自《庄子·大宗师》，它典型地代表了庄子所言的这种观念:

子桑户、孟子仅和子琴张三个人是好朋友。

后来，子桑户死了。子贡受孔子的嘱托去吊丧。

子贡去后，看见孟子仅和子琴张坐在棺材旁边，相应相和，鼓琴而歌。

子贡困惑极了，回去后就告诉了孔子。

孔子说:"他们是属于方域之外的人，而我们是游于方域之内的。之外者，视生命与万物一体，安闲游戏于尘世之外。而之内者，尚须依世俗的礼节和忧愁，就像受着刑罚的人。"

最后的安息场所

笼罩着每一个生命体一生的阴影，不是黑暗，而是谁也逃不过的死亡。这是所有生命体必将经历的悲剧，也是所有生命体走向辉煌的序曲。死亡是一个可怕的字眼，但又是温暖的，因为它是每一个生命体最终的归宿。

古时候，仁者把死亡称为安息；不仁者把死亡称为倒伏。死是灵魂最后的归宿，古人称死去的人为归人，活着的人为行人。

活着的人，总有死去的时候，无论是仁者还是不仁者，灵魂的终结是一致的。至于灵魂是安息还是倒伏，人活着的时候不会知道，但心中都明白它的分量。因此，对待死亡，与对待生命的态度同样重要。

人生活在现实社会中，生存环境潜移默化中培养出了人的现实精神，用现实的眼光审视死亡，是人的习惯。但是，在某种程度上，却给人的精神套上了枷锁。一旦无法冲出桎梏，人就失去了超然，失去了生命与世界的和谐联系，失去了对于死亡残存的幻觉和诗意，只能毫无保留地让生命暴露在旷野之中。庄子认为，人的心灵可以超越生命，因为心灵与自然一脉相承。

《庄子·至乐》中讲述了这样一个故事：

庄子的妻子死了，惠子去吊唁，庄子却正在盘着两腿像簸箕一样地坐在地上，敲着盆儿歌唱。

惠子说："跟人家共同生活，人家养儿育女，直到衰残身老，如今死了，你不哭也就算了，却还敲着瓦盆歌唱，不是太过分了吗？"

庄子说："你理解错了，不像你想象的那样。是这样的，她刚死的时候，我的确很悲伤！只是我后来有所醒悟，对她有了全新的认识。她开始本来就没有生命，不仅没有生命，而且还没有形体，不仅没有形体，而且还没有气血。她就是混杂在恍恍惚惚，若有若无之间，经过变化才有了气血，气血再经变化才有了形体，形体再经变化才有了生命，现在又变化而走向死亡，这样的变化，一步接一步，就像春夏秋冬四季的运行一样。人家将安安静静地躺在空旷的屋子里，而我却在一旁呜呜咽咽地哭泣着，这是对她极大的不尊重。当我想通以后，就不再哭泣了，我敲盆唱歌，表现出高兴的样子，她看到后也一定很高兴呀。"

庄子对死亡的超脱，在这则寓言故事里淋漓尽致地表现出来了。庄子告诫后人：固执己见而不懂得变通，就无法感受到生命的道理。人来源于自然，最后回归于自然。懂得这一点，才真正明白死的道理，才真正知道生命的意义。

知道生的价值，才明白死的意义

关于生死的问题，道家认为，生与死的意义和价值，既不在于生，也不在于死，而在于精神的延续。如果说道家是把死提到生的意义上进行考察的话，儒家表现出的则是一种较富有现实意味的生命观。它之所以变得易于为人接近，是剔除了浪漫缥缈的成分，换句话说，它是以实在的死亡为背景，在阴冷的背景之前，去努力求取生的价值，因而，也多了一份悲壮。

《论语》中记述有这样的一个故事：

在孔子的弟子中，子路向来以直率勇猛而著称。有一次，子路问："我大胆地请问一句，死亡到底是怎么回事。"

孔子向来不喜欢谈论生死，子路冒昧的提问，让他很不高兴，但作为老师，他还是有回答的必要性，于是孔子说："生的道理你还没有弄明白，怎么能懂得死亡呢。"

孔子没有直接回答子路关于死亡的问题，他之所以不回答，主要是注重现实，重视实实在在的生存问题，至于死亡，是相对遥远的事情。在他回答子路的话中，有两层意思，其一是，不要过于注重生的目的，因为生的目的就是死亡；其二是，既然还没有弄明白生命的意义，谈论死亡，岂不是照样困惑吗？

孔子是智慧的，他的不直接言死，乃是人类深知生也有涯。毫无疑问，在孔子看来，只有生的价值感，才能赋予死亡以意义。

孔子的学生颜回、子路都死在孔子之前。孔子得知子路死在卫国的消息后就病倒了。子贡前来拜见孔子时，孔子才负杖而起。

孔子说："你来得是多么晚呀！"

孔子叹着气，歌吟道："泰山崩塌了吗？梁柱折毁了吗？圣贤的人衰萎了吗？"

唱着唱着就流下了眼泪。他说："天下无道已经太长久了呀！昨天晚上，我做了梦，梦见了先帝们的坟墓。我愧对他们呀！"

七天后，孔子就逝去了。

这段记述见于《史记》。

固然，孔子的政治理想有可评判之处，但为实现其理想，孔子先周游列国，栖栖惶惶，后育弟子以承继，可谓是穷其一生在追求着生命的价值了。

孔子说:"朝闻道,夕死可矣!"对道的追求便是人生的价值所在,而得到道,远胜过死亡。孔子告诉我们的,乃是一种以生命的价值来战胜死亡,进而求得死亡意义的现实生命观。

不朽来自创造

《庄子·外物》中有这样一个寓言故事:

任国的公子做了一个粗黑的大钓钩,用 50 头健牛做饵物,蹲在会稽山上,投竿于东海,天天在那儿钓鱼,整年也没有钓到一条鱼。

忽而大鱼来吞饵,牵动大钩沉下水去。霎时间,白波涌起如山,翻腾而奋鳍,海水震荡,声震千里。

任国公子钓到这条鱼,剖开来晒干,从浙江以东,苍悟以北,没有没吃到这条鱼的人。

庄子感叹说:"要是举着小竿绳,到小水沟里,守候鲵鲋小鱼,那要想钓到大鱼就很难了。粉饰浅识以求高名,那和明达大智的距离就很远了。"

庄子的意思是,只有宏大的创造和目标,才能获取自然大道,才能有白浪涌如山的壮观,否则,只不过是凡人的惊讶而已。

庄子一生喜言恢宏之物,他认为世事混浊,就以"谬悠之说,荒唐之言,无端崖之词"来表达思想,但另一方面也彰显了庄子旷达、富有创造性的人格和追求。

生死无常且有期。对于人的生命来说,乞求身心之外的一切赋予永恒,犹如抓着自己的头发想离开地球一样不可能。毫无疑问,每个人都渴求着永恒,但永恒的取得只能是我们精神的伟大创造。

换句话说，只有精神创造成为后人血脉的基因并得以延续时，精神生命才能虽死犹生。这就是不朽。

《庄子·外物》中还有这样一个故事：

庄子曾到小临河侯处去借粮，临河侯说："好，等收到老百姓的税租，借给你300两银子，可以吧?"

庄子说："昨天我在来的路上遇到条鱼，它快干死了，求我给它一升或一斗水救命。我说：'好的，我去游说吴、越两国国王，引西江水来救你。'

"鱼愤然道：'我离开了水里正常的生活，只求得到一升半斗的水就可以了。你这样说，还不如到卖鱼干的摊子上找我呢!'"

庄子遇此境地，但也仍未改其精神之脱俗。由此可见一斑。或许，正是因此，求取精神大创造的庄子，一生才视高官厚禄为轻而忘情于天地之间。楚威王要拜他为相，他断然拒绝，在庄子看来，这大约也是在小水沟里守候鲵鲋小鱼吧。

身处贫贱陋巷，却旷达如拥有整个宇宙。这与50头健牛投之东海为饵可谓是同为一理。在战国学派林立、百家竞言的文化萌生之初，庄子以博大脱俗而成大家，其精神创造与儒家呈鼎立之势，横贯2000多年，至今未衰，可谓是"声如鬼神，震惊千里"了。